BANK NIFTY
से
पैसा कैसे बनाएँ?

BANK NIFTY से पैसा कैसे बनाएँ?

बैंकिंग स्टॉक्स के साथ लगातार
पैसे कमाने की ऑप्शन ट्रेडिंग रणनीति

प्रमोद कुमार

प्रकाशक
प्रभात प्रकाशन प्रा. लि.
4/19 आसफ अली रोड, नई दिल्ली-110002
फोन : 011-23289777 • हेल्पलाइन नं. : 7827007777
इ-मेल : prabhatbooks@gmail.com ❖ वेब ठिकाना : www.prabhatbooks.com

संस्करण
प्रथम, 2024

अनुवाद
राहुल त्रिपाठी

पेपरबैक मूल्य
तीन सौ पचास रुपए

मुद्रक
आर-टेक ऑफसेट प्रिंटर्स, दिल्ली

★

BANK NIFTY SE PAISA KAISE BANAYEN?
by Shri Pramod Kumar
(Hindi translation of MONEY IN THE BANK)

Published by **PRABHAT PRAKASHAN PVT. LTD.**
4/19 Asaf Ali Road, New Delhi-110002

ISBN 978-93-5562-867-1

₹ 350.00 (PB)

लेखक की बात

कौन नहीं चाहेगा कि उसके बैंक खाते में पैसे आएँ!

इससे भी बड़ी बात तो यह है कि अगर यह पैसा बेहद कम ट्रेडिंग और ट्रेडिंग स्क्रीन पर समय बरबाद न करने से आए!

यहाँ हम एक ऐसी रणनीति के बारे में बात कर रहे हैं, जहाँ हमने केवल तीन बैंकिंग स्टॉक्स एवं बैंकनिफ्टी इंडेक्स में ऑप्शंस ट्रेडिंग करके और बाजार की किसी भी हालत, यानी उतार-चढ़ाव से परे रहकर लगातार पैसे कमाए। यह कुछ और नहीं, बल्कि एक अच्छी अवधारणा और सरल कार्यान्वयन का ही नतीजा रहा। यह दरशाता है कि ट्रेडिंग में सरलता ही बड़ा काम करती है; और यही नहीं, अच्छा मुनाफा दिलाने में बहुत कुशलता से काम करती है।

यह पुस्तक वर्ष 2021 की शुरुआत में ही आने वाली थी। तब तक इस रणनीति के जरिए एक साल तक ट्रेड किया गया और परिणाम बहुत अच्छे रहे। तभी मैंने इसे एक पुस्तक के रूप में सबके साथ साझा करने के बारे में सोचा। जब मैं इस पुस्तक को प्रकाशित करने की व्यवस्था पर विचार कर रहा था, तब यह पुस्तक जिस तरह से आकार ले रही थी, उससे मुझे खुशी या कहें कि संतुष्टि नहीं मिल रही थी। मैं जिस गंभीरता को इसमें उतारना चाह रहा था, वह नहीं आ पा रही थी। फिर, इसमें पुनर्लेखन और पुनर्विचार को शामिल किया गया।

यदि कोई रणनीति एक वर्ष के लिए अच्छा काम कर जाए तो आगे की परवाह कौन करता है! यह अगले साल विफल भी हो सकती है! यही वजह रही कि मैंने इसे प्रकाशित करने से पहले एक साल और इस रणनीति पर काम करने तथा इसके हर पहलू को परखने का इंतजार करने का फैसला किया, और फिर एक साल और। यह रणनीति बाजार के उतार-चढ़ाव के बावजूद टिकी रही और तीन साल की अवधि में इसने बहुत अच्छा मुनाफा दिया।

अंततः पुस्तक आपके हाथों में है, प्रिय पाठको!

मैं प्रैक्सल शाह, जो रणनीति की अवधारणा लेकर आए; नगरुर श्रीनिवास रेड्डी, जिन्होंने अच्छे और बुरे समय में विश्वास के साथ रणनीति के साथ ट्रेड किया; देवेंद्र अकोलकर, जिन्होंने मेरे पिछले परीक्षण परिणामों की पुष्टि की; विशाल अग्रवाल, जो चीजें गलत होने पर मेरे साउंड बोर्ड थे; मंगलगिरि प्रसाद, जिन्होंने ट्रेड करते समय रणनीति में कुछ संशोधन किए; नवीन अग्रवाल, जिन्होंने गंभीर कठिनाइयों का सामना किया, लेकिन फिर भी विश्वास बनाए रखा; सुमोय गोस्वामी, जिन्होंने रणनीति पर एक तकनीकी पेपर लिखा था, जो पुस्तक में शामिल है—आप सभी को अनेक धन्यवाद।

मैं अपने ब्लॉग के उन सभी पाठकों के प्रति भी आभार व्यक्त करता हूँ, जिन्होंने कठिन समय में अपनी बहुमूल्य प्रतिक्रिया से रणनीति में मेरा विश्वास कायम रखा। यह रणनीति पहले भी काम करती थी और भविष्य में भी काम करेगी। हमें बस, ट्रेडिंग जारी रखनी है और विश्वास बनाए रखना है। बस, एक चीज का ध्यान रखें कि रणनीति को सरल व सहज ही बनाए रखें।

मैं यह पुस्तक पाठकों को समर्पित करता हूँ।

—प्रमोद कुमार

अनुक्रम

1

हजारों मील का सफर : पहला कदम

हर यात्रा एक छोटे से पहले कदम से शुरू होती है। उस समय हम उस मार्ग के बारे में अनिश्चित होते हैं, जिस पर आगे बढ़ा जाना चाहिए। हालाँकि, हमें मंजिल के बारे में पता होता है। इस स्तर पर रास्ते में आने वाली समस्याएँ अज्ञात होती हैं; और जब भी वे दिक्कतें सामने आएँ तो व्यक्ति को उनका सामना करना चाहिए तथा उनका समाधान करना चाहिए।

जैसा कि इस पुस्तक में दरशाया गया है, तीन वर्षों की यात्रा के दौरान 'मनी इन द बैंक' रणनीति और इसका कार्यान्वयन भी उस छोटे से पहले कदम से शुरू हुआ।

पहला कदम फरवरी 2019 में श्री प्रैक्सल शाह के एक टेलीफोन कॉल से शुरू हुआ।

उन्होंने कहा कि उन्होंने बैंकिंग स्टॉक्स ऑप्शंस पर कुछ काम किया है, जिसकी रणनीति पर वह आगे मेरे साथ चर्चा करना चाहते हैं।

उन दिनों मैं रणनीतियों का बहुत बड़ा प्रशंसक नहीं था। इसके बजाय मैं एक कॉल या पुट खरीदता और यह देखता कि ये मुझे कहाँ लेकर जाते हैं? उन दिनों मेरे ऑप्शंस बाइंग ट्रेड अच्छा मुनाफा कमा रहे थे, इसलिए किसी और रणनीति पर काम करने को लेकर मेरे मन में कोई उत्साह नहीं था।

हालाँकि, जब मैंने श्री प्रैक्सल को अपनी रणनीति पर काफी दृढ़ देखा तो मुझे उनकी बात सुननी ही थी। मेरे पास कोई और विकल्प नहीं था।

फोन पर उन्होंने कहा, "हमें मासिक सीरीज की शुरुआत में तीन टॉप वेटेज वाले बैंकिंग शेयरों में थोड़ा आउट-ऑफ-मनी पुट ऑप्शंस में से एक-एक लॉट बेचना चाहिए।"

जैसे ही उन्होंने अपना यह वाक्य पूरा किया, मैंने उनको रोका और जवाब दिया, "मैं ऑप्शंस बाइंग के बारे में लिखता हूँ। अधिकांश समय मैं उन ट्रेडों से लाभ प्राप्त करने के लिए पुट ऑप्शंस खरीदता हूँ, जबकि आप मुझे पुट ऑप्शंस बेचने के लिए कह रहे हैं। मैं ऐसा नहीं करूँगा।"

वह आसानी से छोड़ने वालों में से नहीं थे। उन्होंने कहा, "कृपया मेरी बात सुनें। हम बराबर कीमत वाले बैंकनिफ्टी पुट ऑप्शंस खरीदकर बचाव (हेज) करेंगे। बेचे गए पुट के घाटे में जाने की स्थिति में भी बैंकनिफ्टी पुट काफी हद तक क्षतिपूर्ति करेगा, क्योंकि इन 3 शेयरों में बैंकनिफ्टी का लगभग 62% भार होता है।

उनका तर्क सही था। मेरी सोच भी इस तथ्य से जुड़ी थी कि ये 3 भारी वजन वाले स्टॉक्स लगभग सूचकांक का प्रतिनिधित्व करते हैं। 38% भार वाले अन्य 9 स्टॉक्स आमतौर पर एक-दूसरे को कैंसल कर देते हैं। वास्तव में, बैंकनिफ्टी में शामिल 12 में से 5 स्टॉक्स सूचकांक का 82–83% दखल रखते हैं, जबकि अन्य 7 का कोई खास महत्त्व नहीं है। इसलिए, बैंकनिफ्टी के साथ हेजिंग करना उचित होगा।

हालाँकि, हमने इस विषय पर अपनी चर्चा कुछ समय तक और जारी रखी और मैंने उनसे कहा कि वह अपने द्वारा किए गए किसी भी बैक टेस्टिंग के नतीजे अध्ययन के लिए मुझे भेजें।

यह उस दिशा में मेरा पहला कदम था।

आज, मैं उस कदम से खुश हूँ, क्योंकि शीर्ष 3 बैंकिंग शेयरों के साथ यह रणनीति वास्तविक ट्रेडिंग की तीन साल की अवधि में विश्वसनीय साबित हुई है।

अब, दूसरा चरण।

मुझे अगले दिन परीक्षण के परिणाम मिले। यह एक्सेल फॉर्मेट में एक साधारण फाइल थी। मैं उन संख्याओं से कोई निष्कर्ष नहीं निकाल सका। मैंने उन्हें फिर फोन किया तो उन्होंने मुझे बताया कि वर्कशीट बहुत स्पष्ट है और समझने में आसान है।

मैंने सोचा कि शायद यह उनके लिए आसान है, पर मेरे लिए नहीं।

हर समस्या का एक समाधान होता है। मैंने फाइल दूसरे शख्स को भेजी, जो संख्याओं को सुलझाने में माहिर था। उन्होंने उत्साह से भरकर मुझे तुरंत वापस फोन किया।

उनके विचार से, रणनीति के परिणाम शानदार थे तथा उन्होंने इसे और अधिक लाभदायक बनाने के लिए कुछ बदलावों का सुझाव दिया।

उस समय मैं सोच रहा था, 'क्या हम कुछ बेहतर करने जा रहे हैं? कुछ ऐसा, जो वाकई काम करे!'

बाजार हमेशा से यहाँ मौजूद रहा है। वैसा ही उसमें आजमाई जाने वाली रणनीतियों के साथ भी है। लगभग हर रणनीति विफल हो जाती है। कभी-कभी तो कई महीनों का मुनाफा हैरतअंगेज तरीके से खत्म हो जाता है। फिर यह बुनियादी रणनीति कैसे अलग हो सकती है?

संदेह तो सामान्य हैं। संदेह अच्छे भी हैं। वे हमें काम शुरू करने से पहले सोचने पर विवश करते हैं। लापरवाह होने की अपेक्षा सोच-समझकर किया गया कार्य बेहतर होता है।

मैंने अब इस पर विचार करना शुरू किया कि इस रणनीति में क्या गलत हो सकता है?

मैंने ज्यादा कुछ नहीं किया, बस, सोचता रहा।

देखते हैं कि यह निष्कर्ष कैसे और क्यों निकला?

हमने 3 शीर्ष बैंकिंग शेयरों में से प्रत्येक में 1 लॉट आउट ऑफ मनी (ओ.टी.एम.) पुट ऑप्शन बेचे। इस चर्चा के दौरान स्टॉक थे—एच.डी.एफ.सी. बैंक, आई.सी.आई.सी.आई. बैंक और कोटक बैंक।

इसके साथ-साथ हमने बैंकनिफ्टी में 3 लॉट ओ.टी.एम. पुट भी खरीदे।

हमें SELL ट्रेट्स से कुछ पैसे मिले, जबकि हमने BUY ट्रेट्स के लिए कुछ भुगतान किया। परिणामस्वरूप हमें कुछ शुद्ध प्रारंभिक क्रेडिट मिले।

हमारा लक्ष्य इस प्रारंभिक क्रेडिट का एक हिस्सा प्रोफिट के रूप में प्राप्त करना है।

आगे क्या हो सकता है?

दो संभावनाएँ हैं। स्टॉक्स या तो ऊपर की ओर बढ़ते हैं या वे नीचे की ओर गोते लगाते हैं।

यदि वे और ऊपर चले जाते हैं तो चिंता की कोई बात नहीं है। बेचे गए ऑप्शंस कीमत खोते रहेंगे। यही बात खरीदे गए ऑप्शंस के साथ भी होगी। किसी बिंदु पर, हमें ट्रेड से बाहर निकलने के लिए अच्छे लाभ की तलाश करते रहना होगा।

हम आम तौर पर तब बाहर निकलते हैं, जब प्रारंभिक क्रेडिट का लगभग 75% बुक किया जा सकता है।

अब, हम उस मामले को लेते हैं, जब स्टॉक की कीमतें कम हो जाती हैं। बेचे गए पुट की कीमतें बढ़ जाएँगी, जिससे नुकसान होगा। यदि ये 3 भारी वजन वाले स्टॉक्स गिर रहे हैं तो यह संभावना काफी हद तक है कि बैंकनिफ्टी भी नीचे जा रही होगी। हम बैंकनिफ्टी में खरीदे गए पुट ऑप्शंस में लाभ से कुछ नुकसान की भरपाई कर सकते हैं।

कभी-कभी स्टॉक की कीमतों में गिरावट और बैंकनिफ्टी के बीच तालमेल बिगड़ सकता है और तभी हमें नुकसान का सामना करना पड़ता है।

चूँकि अच्छे स्टॉक्स आम तौर पर एक अवधि के दौरान ऊपर चढ़ते हैं, इसलिए लाभ मिलने की संभावना बेहतर होती है।

खैर, यह तो केवल अवधारणा है। पैसा सही कार्यान्वयन से आता है।

अगले कुछ अध्यायों में हम देखेंगे कि इस रणनीति ने तीन साल की अवधि में वास्तविक बाजार स्थितियों में कैसा प्रदर्शन किया!

यात्रा 1 नवंबर, 2019 को शुरू हुई।

अपनी सीट बेल्ट बाँध लें और यात्रा का आनंद लें!

□

2

शुरुआत

इस तरह इसकी शुरुआत हुई।

दिन था 1 नवंबर, 2019।

आइए, इसे एक घोड़े की जुबानी सुनें, जो उस दिन के मेरे ब्लॉग पोस्ट में लिखी गई बातों को संदर्भित करता है।

हम आज एक नई सीरीज शुरू करने जा रहे हैं।

हम हेवी-वेट बैंकिंग क्षेत्र के शेयरों के साथ एक नई रणनीति पर काम करने की कोशिश कर रहे हैं और हेजिंग व्यापार बैंकनिफ्टी इंडेक्स के साथ होगा।

सेटिंग-अप

हम बैंकनिफ्टी के तीन हेवी-वेट स्टॉक्स एच.डी.एफ.सी. बैंक, आई.सी.आई.सी.आई. बैंक और कोटक बैंक के आसपास के स्ट्राइक पुट में से प्रत्येक का 1 लॉट बेचते हैं।

हेजिंग के लिए हम पैसे से थोड़ा सा बैंकनिफ्टी पुट खरीदते हैं। ट्रेडों के मूल्य को लगभग समान बनाने के लिए हेजिंग 3 लॉट के साथ की जाती है।

1 लॉट बेचें एच.डी.एफ.सी. बैंक पुट 1,220 @ रु. 30.00—क्रेडिट रु. 15,000

1 लॉट बेचें आई.सी.आई.सी.आई. बैंक पुट 460 @ रु. 13.00—क्रेडिट रु. 17,875

कोटक बैंक पुट 1,560 का 1 लॉट बेचें @ रु. 43.00—क्रेडिट रु. 17,200

बैंकनिफ्टी के 3 लॉट खरीदें पुट 29,500 28 नवंबर @ 500 रुपए डेबिट— 30,000 रुपए

नेट क्रेडिट—20,075 रुपए।

यह काम किस प्रकार करता है ?

हम चाहेंगे कि स्टॉक्स और बैंकनिफ्टी ऊपर जाएँ और ये सभी पुट बेकार होकर समाप्त हो जाएँ। उस स्थिति में हमें यह क्रेडिट 20,075 रुपए रखने को मिलता है।

यदि स्टॉक्स नीचे जाते हैं तो वे बैंकनिफ्टी को भी नीचे ले जाएँगे और हम हेजिंग ट्रेड से काफी हद तक सुरक्षित रहेंगे।

हम दिन-प्रतिदिन के आधार पर ट्रेडों की निगरानी करेंगे।

नई सीरीज शुरू करने के लिए शुभकामनाएँ!

दैनिक पोस्ट में अधिक प्रश्नों के उत्तर दिए जाएँगे।

सावधानी से ट्रेड करें, लाभप्रद ट्रेड करें।"

खैर, यह रणनीति का सार मात्र है।

और अब, हम पहले महीने में इस रणनीति का प्रदर्शन आँकते हैं।

रणनीति के लिए वास्तविक ट्रेड शुक्रवार, 1 नवंबर, 2019 को सुबह लगभग 9.35 बजे इस प्रकार लिये गए।

एच.डी.एफ.सी. बैंक पुट 1,220 @ रु. 26.00 बेचें—क्रेडिट रु. 13,000

आई.सी.आई.सी.आई. बैंक पुट 460 @ रु. 13.20 बेचें—क्रेडिट रु. 18,150

कोटक बैंक पुट 1,560 @ रु. 37.40 बेचें—क्रेडिट रु. 14,960

बैंकनिफ्टी पुट 29,500 @ रु. 460 खरीदें—डेबिट रु. 27,600।

नेट क्रेडिट—18,510 रुपए।

क्लोजिंग प्राइस क्रमश: 24.40, 13.00, 33.90 और 362.70 रुपए थे।

बेचे गए ऑप्शंस से लाभ—2,675 रुपए

बैंकनिफ्टी पुट्स में नुकसान—5,638 रुपए

तो, उस दिन रणनीति 2,963 रुपए पर लाल निशान (नुकसान) पर बंद हुई। यह अच्छा नहीं है, लेकिन हमें स्वीकार करना होगा और आगे बढ़ना होगा।

दैनिक उतार-चढ़ावों का वर्णन करने के बजाय हम इस बात पर प्रकाश डालेंगे कि रणनीति कैसे काम करती है।

पहला ट्रेड बंद करना

एक प्रयोग के तौर पर कुछ नया चल रहा था। ट्रेड स्थापित हो चुके थे और हमें बस, लाभ आने का इंतजार करना था।

13 नवंबर, 2019 को बैंकनिफ्टी 30,541.55 पर बंद हुआ।

खरीदे गए बैंकनिफ्टी पुट ऑप्शंस की तुलना में बेचे गए पुट ऑप्शंस में अधिक पैसा गँवाने के कारण हमारी एम.टी.एम. (मार्क-टू-मार्केट) पोजीशन में 14,043 रुपए का मुनाफा नजर आया।

अब ट्रेड क्लोज करने और मुनाफा-वसूली करने का समय आ गया था।

अगले दिन ऐसा किया गया।

14 नवंबर, 2019 को बाजार खुलने के तुरंत बाद मुनाफा-वसूली की गई और यह राशि 15,181 रुपए थी।

स्क्रिप	गतिविधि	पुट स्ट्राइक	लॉट साइज	एंट्री प्राइस 01/11/19	क्रेडिट/ डेबिट	14/11/19 को बंद	लाभ/ हानि
HDFC BANK	बेचा	1,220	500	26.00	13,000	8.70	8,650
ICICI BANK	बेचा	460	1,375	13.20	18,150	3.65	13,131
KOTAK BANK	बेचा	1,560	400	37.40	14,960	15.80	8,640
BANKNIFTY	खरीदा	29,500	3 X 20	460.00	27,600	206.00	15,240
					18,510		15,181

इस रणनीति में ट्रेड्स का पहला सेट सही गया था और उसने लाभ दिया था।

ट्रेड्स का एक नया सेट उसी दिन, उसी स्टॉक के साथ लिया गया, लेकिन संशोधित ऑप्शन स्ट्राइक के साथ।

इस बार शुरुआती क्रेडिट 9,037.50 रुपए था।

सेटअप इस प्रकार था—

स्क्रिप	एक्शन	पुट स्ट्राइक	लॉट साइज	एंट्री प्राइस 14/11/19	क्रेडिट/ डेबिट	क्लोज्ड प्राइस 14/11/19	लाभ/ हानि
HDFC BANK	बेचा	1,250	500	18.00	9,000	12.30	2,850
ICICI BANK	बेचा	480	1,375	8.90	17,237	3.35	4,881
KOTAK BANK	बेचा	1,600	400	31.00	12,400	29.70	520
BANKNIFTY	खरीदा	30,200	3X20	410.00	(23,600)	266.50	(8,610)
					9,037		(359)

नवंबर 2019 की आधी F&O सीरीज खत्म होने के बाद हमने मुनाफा बुक किया था तथा कुछ और मुनाफे की तलाश में और ट्रेड्स सेट किए थे।

कुल मिलाकर, यही एक ट्रेडर का जीवन है। हम हमेशा लाभ की तलाश में रहते हैं, लेकिन यह हमें मिलता है या नहीं, यह बिल्कुल अलग बात है।

दूसरे सेट में अपेक्षा के अनुसार काम नहीं हो सका।

हम परिणाम 22 नवंबर को कारोबार बंद होते ही देख सकते हैं।

स्क्रिप	एक्शन	पुट स्ट्राइक	लॉट साइज	एंट्री प्राइस 14/11/19	क्रेडिट/ डेबिट	क्लोज्ड ऑन	लाभ/ हानि
HDFC BANK	बेचा	1,250	500	18.00	9,000	5.40	6,300
ICICI BANK	बेचा	480	1,375	8.90	17,237	2.95	8,181
KOTAK BANK	बेचा	1,600	400	31.00	12,400	27.50	1,400
BANKNIFTY	खरीदा	30,200	3X20	410.00	(23,600)	32.00	(22,680)
					9,037		(6,799)

खैर, बाजार थोड़ा ऊपर चला गया, लेकिन KOTAK BANK नीचे चला गया। यह ट्रेड सफल नहीं हुआ और परिणाम अच्छा नहीं रहा।

6,799 रुपए का घाटा।

हमें बेचे गए पुट ऑप्शंस से कुछ मुनाफा तो मिला, लेकिन खरीदे गए पुट ऑप्शंस में नुकसान काफी बड़ा था।

यह नींद से जगाने वाली एक घटना थी। हमने यही सीखा कि इस रणनीति में भी खामियाँ हैं और यह बड़ा मुनाफा कमाने का आसान तरीका नहीं है।

उपर्युक्त सेटअप नवंबर सीरीज में दूसरा सेटअप था। इससे पहले कारोबार 14 नवंबर, 2019 को बंद कर दिया गया था।

ट्रेड्स के दो सेटों को मिलाकर नवंबर सीरीज से लाभ 8,382 रुपए था।

हमें रणनीति से काफी उम्मीदें थीं।

केवल 8,382 रुपए का लाभ बैक टेस्टिंग में नाकाफी रहा और पिछले प्रदर्शन के कारण सभी ऊँची उम्मीदों को पूरा करने में भी विफल रहा।

पिछला प्रदर्शन हमेशा अतीत में रहता है, जबकि ट्रेडिंग वर्तमान के बारे में होती है। हम नवंबर 2019 के नतीजों को नमूने के तौर पर लेते हैं और देखते हैं कि दिसंबर 2019 में हमारे लिए इसमें क्या था?

दिसंबर 2019

दिसंबर 2019 सीरीज के लिए ट्रेड 22 नवंबर को दोपहर में सेटअप किए गए। हमें 25,325 रुपए का बहुत अच्छा प्रारंभिक क्रेडिट मिला।

स्क्रिप	एक्शन	पुट स्ट्राइक	लॉट साइज	एंट्री प्राइस 22/11/19	क्रेडिट/ डेबिट	क्लोज्ड प्राइस 22/11/19	प्रॉफिट/ लॉस
HDFC BANK	बेचा	1,260	500	27.00	13,500	28.65	(825)
ICICI BANK	बेचा	490	1,375	15.00	20,625	14.70	412
KOTAK BANK	बेचा	1,560	400	41.00	16,400	38.30	1,080
BANKNIFTY	खरीदा	30,900	3×20	420.00	(25,200)	400.15	(1,191)
					25,325		(525)

इस क्रेडिट राशि का कितना हिस्सा अंततः हमारा लाभ होगा?

इस प्रश्न का उत्तर ट्रेड्स के साथ इंतजार करके पाया जाना था।

अधिकांश समय ब्लॉग पोस्ट के लिए मेरा समापन वाक्य था—'हम ट्रेड्स के साथ इंतजार करते हैं।'

आइए, देखें कि दिसंबर 2019 में इंतजार करने की रणनीति ने कैसे काम किया!

जैसे ही हम ट्रेड सेटअप करते हैं, उलटी गिनती शुरू हो जाती है।

कभी-कभी सबकुछ अच्छा लगता है, फिर अचानक चीजें गलत हो जाती हैं। इस रणनीति में सफलता की चाबी धैर्य के साथ प्रतीक्षा करना है।

दिसंबर 2019 हमारे लिए इस रणनीति वाला दूसरा महीना था। देखने और अध्ययन करने के लिए बहुत कुछ था। धैर्य आसानी से और स्वाभाविक

रूप से नहीं आता। यह आदत है, जिसे विकसित करने और अभ्यास करने की आवश्यकता है।

हमने इंतजार किया और देखा कि 4 दिसंबर, 2019 को ट्रेड बंद होने पर 12,318 रुपए का लाभ दिखा रहा था।

यह राशि आरंभिक क्रेडिट राशि के 75% के आसपास भी नहीं थी। हम चिंतित थे।

चिंता सही भी हो सकती है या बिल्कुल निराधार भी। यह सच है कि ट्रेडर्स को हर समय चिंता लगी रहती है। हालाँकि, मैं अलग नहीं हूँ; बस, अलग बनने की कोशिश करता हूँ।

चिंता एच.डी.एफ.सी. बैंक को लेकर थी। सोल्ड पुट मनी में हो गया था और अगर शेयर में गिरावट होती रही तो उस ट्रेड में घाटा होगा। अन्य दो ट्रेड पहले ही लाभ का अच्छा हिस्सा दे चुके थे।

अगले दिन ट्रेड्स को बंद करने और नई स्ट्राइक कीमतों के साथ उसी सीरीज को फिर से शुरू करने का निर्णय लिया गया।

अगला दिन था 5 दिसंबर।

उस दिन बैंकनिफ्टी में काफी उतार-चढ़ाव देखने को मिला। तेजी से नीचे जाने से पहले इसने 32,200 के करीब कारोबार किया और दिन में 31,712 पर बंद हुआ।

जब निफ्टी हरे रंग में था, तब हमने कारोबार बंद कर दिया और उसके तुरंत बाद दिसंबर सीरीज के सेट-2 के लिए तैयार हो गए।

स्क्रिप	एक्शन	पुट स्ट्राइक	लॉट साइज	एंट्री प्राइस 22/11/19	क्रेडिट/डेबिट	क्लोज्ड ऑन 05/12/19	प्रॉफिट/लॉस
HDFC BANK	बेचा	1,260	500	27.00	13,500	22.00	2,500
ICICI BANK	बेचा	490	1,375	15.00	20,625	2.40	17,325
KOTAK BANK	बेचा	1,560	400	41.00	16,400	7.20	13,520
BANKNIFTY	खरीदा	30,900	3X20	420.00	(25,200)	84.00	(20,160)
					25,325		13,185

पहले सेट की क्लोजिंग से 13,185 रुपए का लाभ हुआ।

सेट-2 का आगाज शुरुआती क्रेडिट 20,460 रुपए से हुआ।

स्क्रिप	एक्शन	पुट स्ट्राइक	लॉट साइज	एंट्री प्राइस 05/12/19	क्रेडिट/ डेबिट	क्लोज्ड प्राइस 05/12/19	प्रॉफिट/ लॉस
HDFC BANK	बेचा	1,240	500	15.00	7,500	17.20	(1,100)
ICICI BANK	बेचा	530	1,375	12.80	17,600	14.05	(1,719)
KOTAK BANK	बेचा	1,640	400	28.00	11,200	30.00	(800)
BANKNIFTY	खरीदा	31,500	3X20	264.00	(15,840)	371.25	6,435
							2,816

ट्रेड सेटअप करने के बाद स्टॉक नीचे चला गया। गिरावट के कारण सूचकांक भी नीचे चला गया और दिन का अंत हमारे ट्रेड के लिए अच्छा रहा, क्योंकि बैंकनिफ्टी पुट ने बेचे गए पुट ऑप्शंस में नुकसान को कवर कर लिया।

13,185 रुपए पहले ही बुक हो जाने के बाद हम नवंबर की बेहद धीमी शुरुआत के बाद दिसंबर सीरीज में अच्छे प्रदर्शन की उम्मीद कर रहे थे।

वैसे भी, हम किसी विशेष दिन पर लाभ की तलाश में नहीं थे।

अगले दिन भी बैंकनिफ्टी में गिरावट जारी रही। यह 31,141 पर आ गया।

उस दिन कुछ ऐसा हुआ कि सूचकांक के 12 शेयरों में से केवल 1 शेयर मुनाफे में रहा, जो कि कोटक बैंक था। वहीं एच.डी.एफ.सी. बैंक और आई.सी. आई.सी.आई. बैंक में मामूली गिरावट रही। बैंकनिफ्टी में गिरावट यस बैंक SBIN और इंडसइंड के खराब प्रदर्शन की वजह से आई।

हमारे ट्रेड ने दिन भर अच्छा प्रदर्शन किया और अंत में, हम 14,016 रुपए का एम.टी.एम. लाभ देख रहे थे।

ट्रेड केवल दो दिन पुराना था और बैंकनिफ्टी नीचे जा रही थी। यदि रणनीति लाभ दे रही है तो हमें परवाह नहीं है कि मुनाफा कैसे आता है! हालाँकि, हम यह जानने की कोशिश जरूर करेंगे कि गिरते बाजार में इसका प्रदर्शन कैसा रहता है!

सोमवार, 9 दिसंबर, 2019 को 15,185 रुपए के लाभ के साथ ट्रेड बंद हुए।

स्क्रिप	एक्शन	पुट स्ट्राइक	लॉट साइज	एंट्री प्राइस 05/12/19	क्रेडिट/ डेबिट	क्लोज्ड ऑन 09/12/19	प्रॉफिट/ लॉस
HDFC BANK	बेचा	1,240	500	15.00	7,500	20.00	(2,500)
ICICI BANK	बेचा	530	1,375	12.80	17,600	14.60	(2,475)
KOTAK BANK	बेचा	1,640	400	28.00	11,200	25.00	960
BANKNIFTY	खरीदा	31,500	3×20	264	(15,840)	584.00	19,200
					20,460		15,185

हमें एच.डी.एफ.सी. बैंक और आई.सी.आई.सी.आई. बैंक के बेचे गए पुट्स में घाटा हुआ और कोटक बैंक से बहुत कम लाभ मिला। हालाँकि, बैंकनिफ्टी में पुट्स खरीदारी से लाभ हुआ।

बाजार के ऊपर जाने से दिसंबर सीरीज में पहले सेटअप से हमें मुनाफा हुआ। वहीं बाजार नीचे आने से दूसरे सेट से अच्छा मुनाफा हुआ।

अब तक का सफर अच्छा था और ऐसा लग रहा था कि बाजार में हम कुछ खास करने जा रहे हैं।

दिसंबर 2019 के लिए सेट-2 को बंद करने के बाद सेट-3 को शुरू किया गया था।

स्क्रिप	एक्शन	पुट स्ट्राइक	लॉट साइज	एंट्री प्राइस 05/12/19	क्रेडिट/ डेबिट
HDFC BANK	बेचा	1,240	500	18.40	9,700
ICICI BANK	बेचा	520	1,375	8.20	11,275
KOTAK BANK	बेचा	1,660	400	31.00	12,400
BANKNIFTY	खरीदा	31,000	3X20	270	(16,200)
					16,675

इस सेटअप से प्रारंभिक क्रेडिट 16,675 रुपए था।

यह फिर से समय का इंतजार कर रहा था।

जब पैसा कमाया जा रहा हो तो इंतजार करने में किसी को कोई आपत्ति नहीं होती।

दिसंबर एक जादुई महीना साबित हुआ, जब सबकुछ सही हो गया। 9 दिसंबर को शुरू किया गया सेट-3 12 दिसंबर को 11,087 रुपए के लाभ पर बंद किया

जा सकता है।

स्क्रिप	एक्शन	पुट स्ट्राइक	लॉट साइज	एंट्री प्राइस 09/12/19	क्रेडिट/ डेबिट	क्लोज्ड ऑन 12/12/19	प्रॉफिट/ लॉस
HDFC BANK	बेचा	1,240	500	18.40	9,700	7.30	5,550
ICICI BANK	बेचा	520	1,375	8.20	11,275	5.70	3,437
KOTAK BANK	बेचा	1,640	400	31.00	12,400	16.40	6,240
BANKNIFTY	खरीदा	31,500	3X20	270	(16,200)	201.00	(4,140)
					16,675		11,087

चूँकि इस सीरीज की समाप्ति में अभी समय बाकी था, इसलिए सेट-4 शुरू किया गया। दिसंबर का महीना नवंबर से काफी अलग साबित हो रहा था और यह हमारे मनोबल के लिए अच्छा था।

स्क्रिप	एक्शन	पुट स्ट्राइक	लॉट साइज	एंट्री प्राइस 12/12/19	क्रेडिट/ डेबिट
HDFC BANK	बेचा	1,260	500	14.40	7,700
ICICI BANK	बेचा	530	1,375	8.50	11,687
KOTAK BANK	बेचा	1,700	400	30.00	12,000
BANKNIFTY	खरीदा	31,500	3X20	335.00	(20,100)
					11,287

सेट-4 11,287 रुपए के शुरुआती क्रेडिट के साथ आया था।

हमने इस सेटअप को भी 20 दिसंबर को 3,880 रुपए के लाभ के साथ बंद कर दिया।

स्क्रिप	एक्शन	पुट स्ट्राइक	लॉट साइज	एंट्री प्राइस 09/12/19	क्रेडिट/ डेबिट	क्लोज्ड ऑन 12/12/19	प्रॉफिट/ लॉस
HDFC BANK	बेचा	1,260	500	14.40	7,700	3.65	5,375
ICICI BANK	बेचा	530	1,375	8.50	11,687	1.50	9,625
KOTAK BANK	बेचा	1,700	400	30.00	12,000	12.05	7,180
BANKNIFTY	खरीदा	31,500	3X20	335.00	(20,100)	30.00	(18,300)
					11,287		3,880

शुरुआत में यह सेटअप घाटे में चला गया था, लेकिन कुछ दिनों के इंतजार के बाद हम इससे कुछ लाभ प्राप्त करने में सक्षम हुए। इस बार हमारे धैर्य ने असर दिखाया।

दिसंबर सीरीज बेहद अच्छी रही।

इस तरह हुआ मुनाफा—

सेट–1 13,185

सेट–2 15,185

सेट–3 11,087

सेट–4 3,880

कुल— 43,337 रुपए।

नवंबर में एक ठंडे प्रयास के रूप में जो शुरुआत हुई थी, वह दिसंबर के अंत तक एक उत्कृष्ट रणनीति बन गई।

ट्रेड्स को शुरुआत में लगभग 4,50,000 रुपए की सेटिंगअप कॉस्ट की आवश्यकता थी और केवल दो महीने में 50,000 रुपए से अधिक का लाभ हुआ था।

उस वक्त सवाल था—क्या यह रणनीति अपना प्रदर्शन जारी रखेगी?

क्या यह किसी बिंदु पर चौंकाते हुए विफल हो जाएगी?

मेरे मन में यही सवाल था कि जब कभी असफलताएँ मिलती हैं तो हम उनका सामना कैसे करते हैं?

बैक टेस्टिंग हमें कभी भी ट्रेडिंग के वास्तविक उतार-चढ़ाव के लिए तैयार नहीं करती है। वर्ष 2020 में जब हमने इस सरल रणनीति को आगे बढ़ाया तो बहुत कुछ सीखने को मिला।

हम अपने अगले अध्याय में वर्ष 2020 की ओर बढ़ेंगे।

□

3

यात्रा जारी–2020 का आगाज

दिसंबर 2019 में हमें बेहतरीन नतीजे मिले। समझा जाता है कि कभी–कभार बहुत अच्छे नतीजे देखने को मिलेंगे। हमें अपनी अपेक्षाएँ उचित रखनी चाहिए, अन्यथा निराशा ही हाथ लगती है।

दिसंबर सीरीज के ट्रेड्स को बंद करने के तुरंत बाद जनवरी 2020 के ट्रेड्स का सेटअप किया गया।

इस बार एक बदलाव हुआ।

चूँकि एक्सिस बैंक बैंकनिफ्टी शेयरों में तीसरे स्थान पर आ गया था, इसलिए हमने नई सीरीज सेटअप के लिए कोटक बैंक को एक्सिस बैंक से बदल दिया।

सेटअप करते समय प्राप्त क्रेडिट 33,650 रुपए पर काफी अच्छा था।

स्क्रिप	एक्शन	पुट स्ट्राइक	लॉट साइज	एंट्री प्राइस 20/12/19	क्रेडिट/ डेबिट
HDFC BANK	बेचा	1,280	500	27.00	13,500
ICICI BANK	बेचा	540	1,375	14.80	20,350
AXIS BANK	बेचा	740	1,200	23.60	28,320
BANKNIFTY	खरीदा	32,000	3×20	475.00	(28,500)
					33,650

ट्रेड्स सेटअप हो गए।

इसके बाद हमें क्या करना चाहिए?

ज्यादा कुछ नहीं।

हमने बाजार से हमें कुछ मुनाफा हासिल होने का इंतजार किया।

जब आपने पहले ही पैसा बना लिया हो तो इंतजार करना अच्छा लगता है। इस बार हमें थोड़ा लंबा इंतजार करना पड़ा।

याद रखें, हम अब भी वर्ष 2019 में ही थे, भले ही ट्रेड्स में जनवरी 2020 की सीरीज चल रही थी।

नई उम्मीदों के साथ नया साल शुरू हुआ।

ट्रेड्स कुछ मुनाफे की ओर मुड़े; हालाँकि, यह इतना अच्छा तो नहीं कहा जा सकता कि ट्रेड्स क्लोज किया जा सके।

1 जनवरी को ट्रेड्स कुछ इस तरह दिख रहे थे—

स्क्रिप	एक्शन	पुट स्ट्राइक	लॉट साइज	एंट्री प्राइस 20/12/19	क्रेडिट/ डेबिट	क्लोज्ड प्राइस 01/01/20	प्रॉफिट/ लॉस
HDFC BANK	बेचा	1,280	500	27.00	13,500	21.70	2,650
ICICI BANK	बेचा	540	1,375	14.80	20,350	14.05	1,031
AXIS BANK	बेचा	1,200	1,200	23.60	28,320	15.35	9,900
BANKNIFTY	खरीदा	32,000	3×20	475.00	(28,500)	369.00	(6,360)
					33,650		7,221

बेचे गए स्टॉक पुट्स कुछ लाभ दे रहे थे, जबकि खरीदे गए बैंकनिफ्टी पुट्स नुकसान में थे।

रणनीति इसी तरह काम करती है।

इस समय, हमारे पास यह जानने का कोई तरीका नहीं था कि ट्रेड से बाहर निकलने पर ट्रेड कब उचित लाभ दिखाएगा? हमने बाजार को इसके लिए निर्णायक बनने दिया।

दो दिन बाद, 3 जनवरी, 2020 को एम.टी.एम. 3,551 रुपए पर आ गया।

मुनाफा कम हो रहा था।

यह हमारी चिंता का बड़ा कारण था।

दैनिक आधार पर अनावश्यक चिंता से बचने के लिए रणनीतियाँ बनाई जाती हैं और ट्रेड किए जाते हैं।

हमने मुनाफे में कमी को नजरअंदाज किया और इंतजार करते रहे।

जनवरी का महीना दिसंबर से काफी अलग साबित हो रहा था। पिछले महीने

में हम चार बार प्रॉफिट बुक कर सके थे। इस बार हमारे धैर्य की कड़ी परीक्षा हो रही थी।

13 जनवरी तक एम.टी.एम. 8,845 रुपए तक चढ़ गया था, लेकिन निकास लक्ष्य के करीब भी नहीं था।

अगला दिन ट्रेड के लिए बहुत अच्छा साबित हुआ।

यह एक ऐसा दिन था, जब बैंकनिफ्टी मामूली नुकसान के साथ बंद हुआ था; लेकिन एच.डी.एफ.सी. बैंक और एक्सिस बैंक उस दिन लाभ में रहे।

सोल्ड पुट ने खोई हुई जमीन वापस पा ली और हमने दिन के अंत तक एम.टी.एम. को 16,094 तक बढ़ते देखा।

एक दिन में मुनाफा 8,845 रुपए से बढ़कर 16,094 रुपए हो गया।

हालाँकि, हम अभी भी ट्रेड बंद होने का इंतजार कर रहे थे।

शुक्रवार, 17 जनवरी को एम.टी.एम. 17,421 तक पहुँच गया।

सप्ताहांत में हमारे विचार यही थे कि सोमवार को भी यही होगा।

जनवरी 2020 के लिए ट्रेड स्थापित हुए पूरा एक महीना हो जाएगा और हम अभी भी बाहर निकलने में सक्षम नहीं थे।

दिसंबर 2019 में देखी गई काररवाई की तुलना में यह एक शांत महीना था।

सोमवार, 20 जनवरी, 2020 इन ट्रेट्स के लिए बहुत अच्छा दिन साबित हुआ। हमेशा की तरह हमने कुछ नहीं किया, बस, दिन भर बैठे रहे।

इस दिन बैंकनिफ्टी 1.61% गिर गया।

स्टॉक ऑप्शंस समय के साथ घटते जाने के नियम से बँधे थे, जो हमारे लिए फायदेमंद था; जबकि बैंकनिफ्टी ऑप्शन काफी लाभ दिखा रहे थे।

20 जनवरी, 2020 को बंद होने पर एम.टी.एम. पोजीशन 17,421 रुपए से बढ़कर 27,212 रुपए हो गई।

इस पोजीशन के साथ अगले दिन ट्रेड बंद करने की योजना बनाई गई थी।

21 जनवरी को बैंकनिफ्टी में फिर से कुछ अंकों की गिरावट आई; लेकिन हमने दिन की शुरुआत में ही अपने ट्रेट्स बंद कर दिए।

इस दिन बैंकनिफ्टी में 1.61% की गिरावट दर्ज की गई।

समय बीतने के साथ स्टॉक ऑप्शंस भी प्रभावित हुए, जो कि हमारे फायदे में रहा; जबकि बैंकनिफ्टी ऑप्शंस भी उल्लेखनीय मुनाफा दरशा रहे थे।

20 जनवरी, 2020 को बंद के दौरान एम.टी.एम. पोजीशन 17,421 रुपए से उछलकर 27,212 रुपए तक जा पहुँची।

इस स्तर के साथ यह तय किया गया कि अगले रोज ट्रेड्स को क्लोज किया जाए।

21 जनवरी को बैंकनिफ्टी के कुछ और पॉइंट्स गँवाए, लेकिन हमने उस दिन अपने ट्रेड्स जल्दी क्लोज कर दिए थे।

स्क्रिप	एक्शन	पुट स्ट्राइक	लॉट साइज	एंट्री प्राइस 20/12/19	क्रेडिट/डेबिट	क्लोज्ड ऑन 21/01/20	प्रॉफिट/लॉस
HDFC BANK	बेचा	1,280	500	27.00	13,500	40.00	(6,500)
ICICI BANK	बेचा	540	1,375	14.80	20,350	13.10	2337
AXIS BANK	बेचा	740	1,200	23.60	28,320	25.15	(1,860)
BANKNIFTY	खरीदा	32,000	3×20	475.00	(28,500)	1050	(34,500)
					33,650		28,477

जनवरी 2020 सीरीज का अंत 28,477 रुपए के मुनाफे के साथ हुआ।

संख्याओं के आधार पर यह देखा जा सकता है कि मुनाफा तब भी हो रहा था, जब बैंकनिफ्टी में गिरावट आ रही थी।

अगर यह साबित करना होता कि यह रणनीति तब भी काम कर रही थी, जब बाजार में गिरावट चल रही थी, तो यह उसकी पुष्टि करता है।

बहरहाल, 28,477 रुपए के एक और मुनाफे की रकम बैंक खाते में पहुँच चुकी थी।

इस रणनीति को आजमाते हुए महज तीन ही महीने हुए थे और हम बेहतर इनाम पा रहे थे।

अब हम फरवरी 2020 सीरीज की ओर बढ़ गए।

जनवरी सीरीज के ट्रेड्स 21 जनवरी, 2020 को बंद हुए और यह तय किया गया कि जब तक फरवरी सीरीज के नए ट्रेड्स सेटअप नहीं हो जाते, तब तक शुक्रवार तक कुछ न किया जाए।

मेरे ब्लॉग पर पाठकों के ढेर सारे सवाल हैं कि यह रणनीति काम कैसे करती है?

उन सवालों के जवाब उन दिनों दिए गए, जब हमने कोई ट्रेडिंग नहीं की।

बुनियादी सिद्धांत

बुनियादी सिद्धांत यह है कि स्टॉक्स का अच्छा पोर्टफोलियो ज्यादातर समय इंडेक्स से कहीं बेहतर प्रदर्शन करता है।

रणनीति की रचना

हम बैंकनिफ्टी इंडेक्स के 3 शीर्ष भारित स्टॉक्स लेते हैं। जनवरी 2020 में ये एच.डी.एफ.सी. बैंक, आई.सी.आई.सी.आई. बैंक और एक्सिस बैंक थे। नवंबर एवं दिसंबर 2019 में यह एक्सिस बैंक की जगह कोटक बैंक था।

इन तीन शेयरों का संयोजन हमारे शेयरों का अच्छा पोर्टफोलियो है।

हम इन शेयरों में थोड़ा ओ.टी.एम. (आउट–ऑफ–मनी) पुट विकल्प बेचते हैं। यह देखा गया कि आमतौर पर 2–3% ओ.टी.एम. विकल्प अच्छे से काम करते हैं।

हमने बैंकनिफ्टी में ओ.टी.एम. पुट ऑप्शंस खरीदे। सामान्यत: 4–5% ओ.टी.एम. बैंकनिफ्टी के लिए काम करता है।

हमें स्टॉक पुट की बिक्री से कुछ क्रेडिट प्राप्त होता है, जबकि हम बैंकनिफ्टी पुट खरीदने के लिए कुछ पैसे का भुगतान करते हैं। इस लेन–देन के परिणामस्वरूप शुद्ध ऋण प्राप्त होता है।

रणनीति का कार्य करना

यदि स्टॉक्स ऊपर जाते हैं या जहाँ हैं, वहीं टिके रहते हैं तो ऑप्शन प्रीमियम कम हो जाते हैं और हम बेचे गए पुट्स से कुछ लाभ कमाते हैं।

इसी तर्क से, बैंकनिफ्टी पुट का मूल्य भी कम हो जाता है और हमें उस ट्रेड में कुछ नुकसान उठाना पड़ता है। समाप्ति के करीब सभी ऑप्शंस बेकार हो जाते हैं और हमें प्रारंभिक क्रेडिट राशि अपने पास रखनी पड़ती है।

इसे ज्यादातर समय काम करना चाहिए।

जब स्टॉक की कीमतें नीचे जाती हैं तो बेचे गए पुट्स का मूल्य बढ़ जाता है और हमें उन ट्रेड्स में नुकसान होता है।

चूँकि इन शेयरों का बैंकनिफ्टी सूचकांक में महत्त्वपूर्ण भार होता है, इसलिए इनका नीचे जाना बैंकनिफ्टी को भी निचले स्तर पर ले जाता है। फिर, बैंकनिफ्टी पुट का मूल्य बढ़ना शुरू हो जाता है। यह लाभ स्टॉक ऑप्शंस से होने वाले कुछ नुकसान की भरपाई करता है।

हमने जनवरी सीरीज के नतीजों में देखा है कि बाजार में गिरावट की स्थिति में भी मुनाफा हो सकता है।

मार्जिन आवश्यकताएँ

मार्जिन मनी समय-समय पर एक्सचेंज द्वारा तय की जाती है और अस्थिर बाजार पोजीशन के दौरान बढ़ाई जाती है।

फरवरी 2020 सीरीज के लिए मार्जिन मनी और बैंकनिफ्टी पुट खरीदने के लिए आवश्यक राशि लगभग 4,95,000 रुपए थी। नवंबर 2019 में हम 4,50,000 रुपए के साथ प्रबंधन कर सकते थे।

फरवरी सीरीज ट्रेड्स

शुरुआती कारोबार में मामूली गिरावट के बाद 24 जनवरी को बैंकनिफ्टी में तेजी आई। हमने दिन की शुरुआत में ही अपने ट्रेड सेटअप कर लिये थे और इससे फरवरी सीरीज के ट्रेड्स के पहले दिन सकारात्मक एम.टी.एम. पोजीशन दिखाने में मदद मिली।

स्क्रिप	एक्शन	पुट स्ट्राइक	लॉट साइज	एंट्री प्राइस 24/01/20	क्रेडिट/ डेबिट	क्लोज्ड प्राइस 24/01/20	लाभ/ हानि
HDFC BANK	बेचा	1,240	500	28.40	14,200	24.15	2,125
ICICI BANK	बेचा	520	1,375	14.40	29,800	11.55	3,918
AXIS BANK	बेचा	720	1,200	21.50	25,800	15.45	7,260
BANKNIFTY	खरीदा	30,500	3×20	460.00	(27,600)	379.95	(4,803)
					32,200		8,500

परिणामस्वरूप, सेटअप के दिन एम.टी.एम. की पोजीशन बहुत अच्छी थी।

इसमें उत्साहित होने की कोई बात नहीं है; लेकिन हम जानते हैं कि एक अच्छी शुरुआत हमेशा आत्मविश्वास बढ़ाने वाली होती है।

यह सप्ताहांत का दिन था और उसके बाद हम सोमवार, 27 जनवरी को बाजार में वापस आए।

सोमवार का दिन शुक्रवार से काफी अलग साबित हुआ।

बैंकनिफ्टी में उतार–चढ़ाव जारी रहा और दिन के अंत में यह 1.29% या 404.35 अंक की गिरावट के साथ बंद हुआ।

यह गिरावट हमारे ट्रेड के लिए अच्छी साबित हुई और एम.टी.एम. लाभ 11,977 तक बढ़ गया।

एक दिन ऊपर, दूसरे दिन नीचे और केवल दो दिनों में हम बहुत अच्छे एम.टी.एम. लाभ की ओर देख रहे थे।

मंगलवार, 28 जनवरी को बैंकनिफ्टी थोड़ा नीचे चला गया। एम.टी.एम. पोजीशन 12,013 रुपए हो गई।

हम पहले ही फरवरी सीरीज में थे और अच्छा प्रदर्शन कर रहे थे; जबकि जनवरी 2020 सीरीज एफ. एंड ओ. की समाप्ति 30 जनवरी को थी।

दिन के अंत में बैंकनिफ्टी 30,647.40 पर बंद हुआ।

कुछ दिनों पहले ही हमने ट्रेडिंग शुरू की थी, जबकि बैंकनिफ्टी 31,000 के स्तर के करीब था।

एम.टी.एम. की पोजीशन एक बार फिर सुधरकर 16,984 रुपए हो गई।

केंद्रीय बजट 1 फरवरी को पेश किया जाना था और इससे हमारे मुनाफे पर गंभीर असर पड़ सकता था।

आमतौर पर बजट का दिन ट्रेडर्स के लिए हमेशा एक रोमांचक दिन होता है। हालाँकि, हम सभी उस उत्साह के बिना भी बेहतर कर सकते हैं।

बजट से एक दिन पहले एम.टी.एम. 8,970 रुपए पर आ गया। यह एक तरह का झटका था; हालाँकि, कुछ ऐसा था, जिसके साथ हम रह सकते थे।

बजट का दिन शनिवार को था। बाजार खुले हुए थे।

हालाँकि, बैंकनिफ्टी 3.29% या 1,012.70 अंक टूट गया।

अब तक बैंकनिफ्टी नीचे जा रहा था, जबकि हमारा सेटअप लाभ कमा रहा था। बजट के दिन यह ट्रेंड उलटा हो गया।

वहीं टॉप शेयरों में भी गिरावट बहुत तेज थी और इससे हमारे ट्रेड को काफी नुकसान हुआ।

एम.टी.एम. घाटे वाले जोन में चला गया और हमारा दिन 1,639 रुपए के नुकसान के साथ खत्म हुआ।

केवल दो ट्रेडिंग सत्रों में एम.टी.एम. पोजीशन (+) 16,984 से (–) 1,639 हो गई थी।

परेशान करने वाला समय...!

ऐसी स्थितियों में क्या करें?

बजट जैसी घटना से पहले कुछ लाभ क्यों नहीं उठाया जाए?

लेकिन फिर वही बात आती है कि अगर चीजें हमारे मुताबिक होतीं तो शायद हमने इस ट्रेड को बड़े लाभ के साथ पूरा किया होता!

रणनीतियाँ अतिरिक्त ट्रेड्स और खुद के बारे में दूसरे अनुमान लगाने की परेशानी से बचने के लिए होती हैं।

हम मुनाफा-वसूली के लिए बाहर निकलने के अलावा और कुछ न करने के अपने सिद्धांत पर कायम हैं।

अभी भी सीरीज में काफी समय बाकी था और हमारे पास इंतजार करने का पूरा धैर्य था।

बजट के दिन बैंकिंग शेयरों में जो कुछ भी दिखा, वह उसके बाद के दिनों में भी मौजूद रहा होगा। लेकिन बाजार का अपना मूड और चाल है।

अगले तीन कारोबारी दिनों में बैंकनिफ्टी ने क्रमशः 202.35, 663.45 एवं

315.25 अंक की कुल बढ़त के साथ 1,181.05 अंक हासिल किए और बजट के दिन का नुकसान खत्म हो गया।

इन कदमों के साथ हमारा ट्रेड भी एक बार फिर 16,130 रुपए की बहुत अच्छी एम.टी.एम. पोजीशन में वापस आ गया। हम लगभग वहीं लौट आए थे, जहाँ से नीचे फिसले थे।

हमारे लिए अच्छे नतीजों के साथ अगले दो दिनों में बाजार दोनों तरफ चला गया और हमने शुक्रवार, 7 फरवरी, 2020 को 21,133 रुपए की एम.टी.एम. बढ़त के साथ सप्ताह समाप्त किया।

ट्रेड्स अच्छे दिख रहे थे और हम लगातार चौथे महीने अच्छे लाभ के साथ बाहर आने की उम्मीद कर रहे थे।

सोमवार व मंगलवार आए और चले गए। हमने बुधवार, 12 फरवरी, 2020 को ट्रेड क्लोज कर दिया।

स्क्रिप	एक्शन	पुट स्ट्राइक	लॉट साइज	एंट्री प्राइस 21/01/20	क्रेडिट/डेबिट	क्लोज्ड ऑन 12/02/20	लाभ/हानि
HDFC BANK	बेचा	1,240	500	28.40	14,200	11.50	6,450
ICICI BANK	बेचा	520	1,375	14.40	29,800	2.35	16,568
AXIS BANK	बेचा	720	1,200	21.50	25,800	3.35	23,780
BANKNIFTY	खरीदा	30,500	3×20	460.00	(27,600)	88.00	(27,320)
					32,200		24,478

सीरीज के लिए लाभ 24,478 रुपए था।

फरवरी सीरीज की समाप्ति में अभी समय बाकी था। हम उसी सीरीज में ट्रेड्स के दूसरे सेट के लिए बढ़ गए।

इस समय तक चीन के वुहान प्रांत में किसी वायरस के फैलने की खबरें छनकर आ रही थीं। किसी को भी अंदाजा नहीं था कि निकट भविष्य में क्या होने वाला है!

इसके बारे में अगले अध्याय में और अधिक जानकारी देंगे।

फरवरी 2020 सीरीज के सेट–2 के लिए ट्रेड—

स्क्रिप	एक्शन	पुट स्ट्राइक	लॉट साइज	एंट्री प्राइस 12/02/20	क्रेडिट/डेबिट
HDFC BANK	बेचा	1,240	500	11.50	5,750
ICICI BANK	बेचा	540	1,375	7.30	10,037
AXIS BANK	बेचा	740	1,200	7.30	8,760
BANKNIFTY	खरीदा	31,000	3×20	185.00	(11,100)
					13,447

शुरुआती क्रेडिट 13,447 रुपए था।

यह सेटअप गुरुवार 20 फरवरी को बंद हुआ।

स्क्रिप	एक्शन	पुट स्ट्राइक	लॉट साइज	एंट्री प्राइस 12/02/20	क्रेडिट/डेबिट	क्लोज्ड ऑन 20/02/20	लाभ/हानि
HDFC BANK	बेचा	1,240	500	11.50	5,750	25.10	(6,800)
ICICI BANK	बेचा	540	1,375	7.30	10,037	3.10	5,775
AXIS BANK	बेचा	740	1,200	7.30	8,760	5.70	1,920
BANKNIFTY	खरीदा	31,000	3×20	185.00	(11,100)	231.00	3,760
					13,447		3,655

आम तौर पर हम शुक्रवार को बंद करते हैं, लेकिन इस बार बाजार में छुट्टी थी और हमने जल्दी बंद करने का विकल्प चुना।

मात्र 3,655 रुपए का मुनाफा हुआ।

इस बार लाभ कम हो गया, जबकि सूचकांक नीचे चल रहा था।

यह सोने पर सुहागा था, क्योंकि हमने पहले ही इस सीरीज में 24,478 रुपए का प्रॉफिट बुक कर लिया था।

फरवरी सीरीज के परिणामस्वरूप कुल 28,133 रुपए का लाभ हुआ। एक बार फिर इस सरल रणनीति के साथ एक फलदायी महीना साबित हुआ।

इस रणनीति के कार्यान्वयन के चार महीनों के दौरान प्राप्त परिणामों को संक्षेप में प्रस्तुत करने का समय आ गया है—

नवंबर 2019 - 8,382 रुपए

दिसंबर 2019 - 43,337 रुपए

जनवरी 2020 - 28,477 रुपए

फरवरी 2020 - 28,133 रुपए

4 महीने में कुल - 1,08,329 रुपए

वाकई जबरदस्त प्रदर्शन हैं ये!

इस स्तर पर ऐसा प्रतीत हुआ कि हम वास्तव में एक सरल, लेकिन अच्छी रणनीति के साथ आगे जा रहे थे।

अगले अध्याय में हम मार्च व अप्रैल 2020 के उथल-पुथल वाले दिनों का वर्णन करने के लिए आगे बढ़ेंगे और यह भी बताएँगे कि इस रणनीति का उपयोग करके कठिन समय से कैसे निपटा जाए!

□

4

बड़ी गिरावट और कुछ रिकवरी—कोविड-19 संकट

अधिकांश पाठक मार्च 2020 की गिरावट से परिचित होंगे। दुनिया का कोई भी बाजार उससे नहीं बच सका था। गिरावट भयंकर थी और उससे बचना संभव ही नहीं था।

हर शेयर के गिरने से शेयर बाजार की किस्मत खराब हो गई। जब तक आपके स्टॉक्स हेज नहीं किए गए, तब तक बचने की कोई जगह नहीं थी। ऐसा दौर हमें अपने निवेश पोर्टफोलियो की सुरक्षा के लिए 'हेज ट्रेड्स' का महत्त्व सिखाता है।

आमतौर पर यही होता आया है कि व्यक्ति विपत्तियों से सीखता है और समृद्धि के समय उन सबको भूल जाता है।

हमारी रणनीति अप्रत्यक्ष रूप से बचाव की रणनीति थी और यही एक कारण था कि दुर्घटना के दौरान इसने काफी अच्छा प्रदर्शन किया।

आइए, हम मार्च 2020 की उस दुर्भाग्यपूर्ण सीरीज में हुई घटनाओं को याद करें।

मार्च 2020 सीरीज

मार्च सीरीज में हमने एक्सिस बैंक को कोटक बैंक से बदल दिया।

ट्रेड 24 फरवरी, 2020 को सुबह 10 बजे से ठीक पहले सेटअप किए गए थे।

स्क्रिप	एक्शन	पुट स्ट्राइक	लॉट साइज	एंट्री प्राइस 24/02/20	क्रेडिट/ डेबिट	क्लोज्ड प्राइस 24/02/20	प्रॉफिट/ लॉस
HDFC BANK	बेचा	1,200	500	24.60	12,300	22.35	1,125
ICICI BANK	बेचा	530	1,375	11.40	15,675	15.45	(5,569)
KOTAK BANK	बेचा	1,660	400	37.00	14,800	33.90	1,240
BANKNIFTY	खरीदा	30,000	3×20	365.50	(21,930)	432.20	4,002
					20,845		798

बैंकनिफ्टी 1.58% (487.75 अंक) टूटकर 30,455.10 पर बंद हुआ।

सेटअप के दिन ट्रेड 798 रुपए के छोटे एम.टी.एम. लाभ के साथ समाप्त हुआ। भले ही आई.सी.आई.सी.आई. बैंक में गिरावट दर्ज की गई थी और हमें उस दिन उस ट्रेड में नुकसान हुआ था।

हमारे लिए मार्च 2020 की सीरीज शुरू हो चुकी थी।

अगला दिन लगभग सपाट रहा। बैंकनिफ्टी में केवल 22.40 अंक की गिरावट आई और हमारी एम.टी.एम. पोजीशन सुधरकर 1,921 रुपए हो गई।

रणनीति ट्रेड्स को सेटअप करने और उनके बारे में भूलने को लेकर है। लेकिन मेरे ब्लॉग पर यह देखने के लिए दैनिक समीक्षाएँ की जाती थीं कि कोई व्यक्ति दैनिक कठिनाइयों से कैसे गुजरता है। मार्च सीरीज में कई दिनों तक बड़ी चालें चलीं। आइए, हम कुछ विस्तार से समीक्षा करेंगे।

26 फरवरी को बैंकनिफ्टी में गिरावट जारी रही और यह 30,385.60 पर बंद हुआ। एम.टी.एम. घाटे में चला गया और हम (–) 3,158 पर इसे देख रहे थे।

27 फरवरी को बैंकनिफ्टी अब भी गिरकर 30,187 और एम.टी.एम. पोजीशन (–) 4,688 पर आ गई।

ट्रेड गलत दिशा में जा रहे थे और हमें बस, इतना करना था—कुछ न करें।

हाथ-पर-हाथ धरे रहने से कोई मदद नहीं मिली, क्योंकि शुक्रवार, 28 फरवरी को बैंकनिफ्टी ढह गई और 1,039.85 अंक गिरकर 29,139.15 पर बंद हुई। एम.टी.एम. हानि (–) 8,188 तक बढ़ गई।

शुक्रवार के बाद हमारे पास दो दिन के आराम का समय था।

अस्थिर बाजारों में ट्रेड करना आसान नहीं है। रणनीतियों के मामले में कुछ अस्थिरता का मुकाबला हेज ट्रेड द्वारा किया जाता है, जो ट्रेडिंग वाले दिन को सापेक्ष शांति के साथ गुजारने में मदद करता है।

सोमवार, 2 मार्च को भी बैंकनिफ्टी के लिए कोई राहत की गुंजाइश नहीं थी, क्योंकि यह लगातार नीचे की ओर जाता रहा। इंडेक्स 278.75 अंक नीचे 28,868.40 पर बंद हुआ। इस दिन 12 में से 3 स्टॉक्स सकारात्मक बंद हुए थे, जिनमें से दो—एच.डी.एफ.सी. बैंक और आई.सी.आई.सी.आई. बैंक थे। इससे बड़े पैमाने पर मदद मिली और ट्रेड एक बार फिर लाभदायक स्थिति में आ गया। एम.टी.एम. अब (+) 13,388 था।

एक ही दिन में पोजीशन (–) 8,188 से बदलकर (+) 13,388 हो गई।

अब हम लगभग 15,000 रुपए के लाभ पर बाहर निकलने की सोच रहे थे।

मंगलवार, 3 मार्च को किस्मत ने हमारा साथ नहीं दिया। बैंकनिफ्टी बढ़कर 29,177.05 (308.65 अंक) पर पहुँच गया और एम.टी.एम. स्थिति कम होकर (+) 11,565 पर आ गई।

15,000 रुपए का लक्ष्य पूरा नहीं होने के कारण हम इंतजार करते रहे।

4 मार्च को बैंकनिफ्टी 523.35 अंक गिरकर 28,653.70 पर बंद हुआ और एम.टी.एम. अब 2,044 रुपए के बहुत कम लाभ पर था।

लेकिन सिर्फ 3 दिन पहले हम (–) 8,188 पर थे। अस्थिर बाजार में किस्मत में उतार-चढ़ाव इसी तरह होता है।

5 मार्च को बैंकनिफ्टी में 161.85 अंक की बढ़त देखी गई। क्लोजिंग 28,815.35 पर हुई। बैंकनिफ्टी में छोटे सकारात्मक कदम ने ट्रेड्स के लिए अच्छा काम किया और एम.टी.एम. पोजीशन सुधरकर (+) 11,193 हो गई।

एक बार फिर 15,000 रुपए का लक्ष्य हासिल होता दिख रहा था।

किसी को नहीं पता कि किसी एक दिन बाजार का रुख कैसा रहेगा। 6 मार्च को बैंकनिफ्टी में बड़ी गिरावट देखी गई। यह 1,013.90 अंक नीचे 27,801.45 पर बंद हुआ। 28,000 का स्तर बहुत आराम से निकाल लिया गया तथा बाजार और गिरावट की ओर अग्रसर दिख रहा था।

6 मार्च, 2020 को समाप्ति पर सीरीज के लिए एम.टी.एम. 31,004 तक पहुँच गया।

हमने लगभग 15,000 रुपए के लाभ पर ट्रेड बंद करने की योजना बनाई थी; लेकिन गिरावट इतनी तेज थी कि हम केवल इंतजार कर सकते थे।

स्टॉक ऑप्शंस में बहुत पैसा हो गया था और तरलता की कमी तथा ऊँची कीमतों के कारण उन ट्रेड्स को बंद करना एक कठिन काम बन गया था।

सप्ताहांत के बाद अगले दिन सोमवार को बंद करने का निर्णय लिया गया।

सोमवार, 9 मार्च को गिरावट नहीं रुकी, बल्कि यह और भी बड़ी गिरावट थी। बैंकनिफ्टी 4.82% या 1,338.85 अंक गिरकर 26,500 से नीचे 26,462.60 पर बंद हुआ।

हम 33,161 रुपए के लाभ के साथ ट्रेड बंद कर सके।

आई.सी.आई.सी.आई. बैंक पुट 530 और एच.डी.एफ.सी. बैंक पुट 1,200 में बड़ा नुकसान हुआ। कोटक बैंक पुट 1,860 में भी गिरावट रही। बेचे गए तीनों पुट्स में बड़े नुकसान के बावजूद हमने काफी अच्छा मुनाफा कमाया था।

स्क्रिप	एक्शन	पुट स्ट्राइक	लॉट साइज	एंट्री प्राइस 24/02/20	क्रेडिट/ डेबिट	क्लोज्ड ऑन 09/03/20	प्रॉफिट/ लॉस
HDFC BANK	बेचा	1,200	500	24.60	12,300	103.00	(35,200)
ICICI BANK	बेचा	530	1,375	11.40	15,675	70.65	(81,469)
KOTAK BANK	बेचा	1,660	400	37.00	14,800	85.40	(19,360)
BANKNIFTY	खरीदा	30,000	3×20	365.50	(21,930)	3252	1,73,190
					20,845		33,161

लाभ बैंकनिफ्टी में खरीदारी पुट से आया।

इस बार हेज ट्रेड ने अपना काम किया और कुछ अधिक मुनाफा दिया।

अभी 9 मार्च ही था और हमने अच्छा मुनाफा बुक कर लिया था। अब इस सीरीज के सेट-2 का समय था।

संशोधित स्ट्राइक कीमतों के साथ नया सेट पिछले सेट को बंद करने के तुरंत बाद शुरू किया गया था।

स्क्रिप	एक्शन	पुट स्ट्राइक	लॉट साइज	एंट्री प्राइस 09/03/20	क्रेडिट/ डेबिट	क्लोज प्राइस ऑन 09/03/20	प्रॉफिट/ लॉस
HDFC BANK	बेचा	1,100	500	33.90	16,950	33.85	25
ICICI BANK	बेचा	460	1,375	19.30	26,537	21.15	(2,544)
KOTAK BANK	बेचा	1,560	400	38.70	15,480	43.40	(1,880)
BANKNIFTY	खरीदा	26,000	3X20	527.00	(31,620)	599.75	4,365
					27,347		(34)

प्राप्त क्रेडिट 27,347 रुपए था।

उस दिन समापन पर सेट-2 फिलहाल 34 रुपए के एम.टी.एम. घाटे के साथ स्थिर था।

कोई बड़ी बात नहीं, क्योंकि हमने पहले ही दिन लाभ कमाया था।

मार्च सीरीज के पहले सेट में हमने बैंकनिफ्टी पुट 30,000 खरीदा था। दूसरे सेट के लिए स्ट्राइक प्राइस 26,000 था।

हमें नहीं पता था कि बाजार में इससे भी बड़ी गिरावट हमारा इंतजार कर रही है।

आइए, जानते हैं कि ट्रेड के दूसरे सेट का प्रदर्शन कैसा रहा!

होली के त्योहार को लेकर 10 मार्च को बाजार बंद था।

इस समय तक कई देशों ने चीन से आने वाली उड़ानों पर प्रतिबंध लगा दिया था। यूरोप में कई मौतों की खबरें आईं, जिनमें से तमाम इटली से थीं। बहुत जल्द संयुक्त राज्य अमेरिका और कनाडा ने भी इस वायरस का प्रभाव महसूस किया।

यह काफी डरावना था।

बाजारों के लिए भी यह एक प्रलय के दिन जैसा लग रहा था।

संभावित लॉकडाउन की चर्चाएँ थीं, लेकिन जमीन पर कोई काररवाई नहीं हुई थी। वह सब थोड़ी देर बाद आने वाला था।

11 मार्च को बहुत कुछ नहीं हुआ। बैंकनिफ्टी सिर्फ 25.20 अंकों की बढ़त के साथ सपाट रहा। लाभ पाने वालों और नुकसान झेलने वालों की संख्या 6-6 के बराबर थी।

एम.टी.एम. की स्थिति अच्छी तरह सुधरकर (+) 8,997 हो गई।

बहुत अच्छा दिन!

11 मार्च का वह सपाट दिन अगले दिन भुला दिया गया, जब हमने बैंकनिफ्टी को एक दिन में 2,516.65 अंक (6.80%) गिरते देखा। सभी 12 शेयरों में गिरावट रही। बैंकनिफ्टी की क्लोजिंग 23,971.15 पर हुई।

इतनी बड़ी गिरावट से एम.टी.एम. की स्थिति को ज्यादा नुकसान नहीं हुआ। यह थोड़ा नीचे चला गया, लेकिन (+) 7,146 पर हम कुछ लाभ की कतार में थे।

13 मार्च को शुक्रवार था। शुरुआती कारोबार में यह हॉरर फिल्म 'फ्राइडे द 13th' जैसा लग रहा था।

निफ्टी 10% नीचे था और ट्रेडिंग 45 मिनट के लिए रोक दी गई थी।

बैंकनिफ्टी ने भी इसी तरह का प्रदर्शन किया था।

45 मिनट के ब्रेक के बाद जब पुनः ट्रेडिंग शुरू हुई तो बाजार ने जोरदार रिकवरी की और दिन का अंत करीब 5% की बढ़त के साथ हुआ।

तब यह एक और फिल्म की तरह था—'थैंक गॉड इट्स फ्राइडे'!

यह काफी कठिन दिन साबित हुआ था।

यहाँ उस घटनापूर्ण दिन का बैंकनिफ्टी मूवमेंट चार्ट है—

बैंकनिफ्टी 13 मार्च, 2020 को—

वह कैसा दिन था!

क्या यह हमारे ट्रेड के लिए कारगर रहा?

नहीं, बिल्कुल नहीं।

सूचकांक में बढ़त ज्यादातर पी.एस.यू. बैंकों के माध्यम से आई। ऐसे दिन में कोटक बैंक फिसड्डी था।

इस रणनीति के साथ अब तक हमारा देखा यह एक दिन का सबसे बड़ा एम.टी.एम. घाटा था, क्योंकि एम.टी.एम. (+) 7,146 से नीचे (–) 18,405 पर आ गया था।

एक दिन में 25,000 रुपए से अधिक का नुकसान...हमारे लिए यह निश्चित रूप से डरावनी फिल्म जैसा था—'फ्राइडे द 13th'।

अगर इस दिन की स्मार्ट रिकवरी के आधार पर किसी ने सोचा था कि बाजार की परेशानियाँ खत्म हो गई हैं तो सोमवार को एक बड़ा झटका सभी का इंतजार कर रहा था। दरअसल, सदमे की कई लहरें हमारा इंतजार कर रही थीं।

सोमवार, 16 मार्च, शुक्रवार को बैंकनिफ्टी द्वारा किया गया लाभ वापस मिल गया और बहुत कुछ खो भी गया। इंडेक्स 8.21% (2,065.50 अंक) नीचे 23,101.15 पर था।

इस गिरावट से ट्रेड्स को थोड़ी मदद मिली, क्योंकि एम.टी.एम. घाटा कम होकर (–) 9,941 हो गया।

किसी भी रणनीति के बारे में हमारे पास चाहे जो भी सिद्धांत हों, बाजार हमेशा हमें नुकसान पहुँचाने का रास्ता खोज सकता है।

17 मार्च वैसा ही दिन था।

बैंकनिफ्टी फिर से 4.10% (946 अंक) टूटकर 22,155.15 पर बंद हुआ।

आई.सी.आई.सी.आई. बैंक को 8.92% और कोटक बैंक को 4.64% का नुकसान हुआ।

2.77% घाटे के साथ एच.डी.एफ.सी. बैंक को आउट परफॉर्मर माना जा सकता है।

बेचे गए पुट्स पहले से ही आई.टी.एम. थे और हर गिरावट सीधे नुकसान में जुड़ गई।

स्टॉक ऑप्शंस से होने वाले नुकसान को बैंकनिफ्टी पुट से होने वाले लाभ से कवर नहीं किया जा सकता है।

दिन (–) 33,276 रुपए की बेहद खराब दिखने वाली एम.टी.एम. पोजीशन के साथ बंद हुआ।

ट्रेडों के पहले सेट से पूरा लाभ इस समय तक खत्म हो चुका था।

जब से हमने इस रणनीति के साथ ट्रेडिंग शुरू की थी, तब से हम पहली बार गहरे संकट में थे।

इस महीने अगर किसी ने नई शुरुआत की होगी तो वह व्यक्ति जरूर मुझे कोस रहा होगा।

ट्रेडर्स को इस तरह के उलट-फेर और कठिनाइयों से गुजरना ही पड़ता है।

इसी तरह हम सीखते हैं।

18 मार्च को कोई राहत नहीं मिली।

दिन के दौरान बैंकनिफ्टी 1,574.95 (7.11%) अंक टूटकर 20,580.20 पर बंद हुआ।

एम.टी.एम. घाटा (–) 50,432 रुपए हो गया।

अधिकांश समय अच्छे शेयरों के सूचकांक से बेहतर प्रदर्शन करने के सिद्धांत का क्या हुआ?

खैर, ज्यादातर समय ऐसा ही होता है।

यह महीना वह समय था, जब ऐसा नहीं हुआ। और जब ऐसा नहीं होता तो नुकसान उठाना पड़ता है।

दो दिन बाद, 20 मार्च को ट्रेडिंग बंद कर दी गई।

स्क्रिप	एक्शन	पुट स्ट्राइक	लॉट साइज	एंट्री प्राइस 09/03/20	क्रेडिट/ डेबिट	क्लोज्ड ऑन 20/03/20	प्रॉफिट/ लॉस
HDFC BANK	बेचा	1,100	500	33.90	16,950	251.00	(1,08,550)
ICICI BANK	बेचा	460	1,375	19.30	26,537	135.00	(1,58,088)
KOTAK BANK	बेचा	1,560	400	38.70	15,480	322.85	(1,13,660)
BANKNIFTY	खरीदा	26,000	3×20	527.00	(31,620)	5,480–1 लॉट	99,060
						6,473–2 लॉट	2,37,840
					27,347		(44,338)

इस सेट में 44,338 रुपए का घाटा हुआ।

बेचे गए पुट ऑप्शंस में घाटा बहुत बड़ा था। बैंकनिफ्टी पुट से लाभ भी बड़ा था, लेकिन नुकसान को कवर करने के लिए पर्याप्त नहीं था।

और ट्रेड बंद करना आसान नहीं था। पैसे के गहरे विकल्पों में ट्रेड करना बहुत कठिन होता है, क्योंकि BID और ASK के बीच का अंतर बड़ा होता है।

बैंकनिफ्टी पुट्स दो चरणों में बंद हुए—एक लॉट 5,480 रुपए पर और शेष दो लॉट 6,473 रुपए पर।

हमने 9 मार्च को 33,161 रुपए का मुनाफा दर्ज किया था। इसे ध्यान में रखते हुए मार्च सीरीज में नुकसान 11,177 रुपए था।

कोई भी नुकसान बुरा लगता है; लेकिन मार्च 2020 में कुल मिलाकर बाजार में गिरावट को देखते हुए इस नुकसान को बड़ा नुकसान नहीं कहा जा सकता।

चार सफल महीनों के बाद हमने मासिक आधार पर अपना पहला नुकसान देखा था।

अप्रैल 2020

चूँकि 20 मार्च को बाजार क्रैश हो रहा था, ऑप्शन राइटर्स पुट ऑप्शंस में अपने घाटे को कवर करने में व्यस्त थे, जिन्हें वे पहले ही बेच चुके थे। हमने भी ऐसा ही किया था। उस समय अप्रैल सीरीज के ऑप्शंस में ज्यादा तरलता नहीं थी।

हम अप्रैल 2020 सीरीज के लिए उसी दिन ट्रेड सेट नहीं कर सके।

मुझे नहीं पता कि वह हमारे लिए अच्छा था या बुरा।

लेकिन सोमवार, 23 मार्च, 2020 बैंकनिफ्टी इंडेक्स के लिए सबसे खराब दिन था।

मार्च सीरीज में हमने कुछ मौकों पर इंडेक्स में 6 से 8% की गिरावट देखी थी। 13 मार्च को यह 10% की गिरावट से उबरकर अच्छी बढ़त के साथ बंद हुआ था।

23 मार्च को ऐसा कुछ नहीं हुआ। यह मुक्त गिरावट थी, जैसा पहले कभी नहीं देखा गया था।

यहाँ आज का बैंकनिफ्टी मूवमेंट है—

एक दिन में 16.73% की गिरावट।

3,400 अंक गए। यह शुद्ध रूप से नर-संहार था।

उस दिन व्यक्तिगत शेयरों ने कैसा प्रदर्शन किया, हम इसे यहाँ देख सकते हैं—

Lacs

As on Mar 23, 2020 16:00:00 IST

Symbol	CA	Today	Open	High	Low	LTP	Chng	% Chng	Vo(
NIFTY BANK			18,311.30	18,895.65	16,791.05	16,917.65	-3,399.95	-16.73	3,(
AXISBANK			385.35	392.00	302.00	310.00	-118.15	-27.60	
INDUSINDBK			396.35	405.00	330.10	335.00	-105.35	-23.92	
BANDHANBNK			208.45	220.00	170.00	177.00	-54.60	-23.58	
FEDERALBNK			47.65	47.65	39.80	40.55	-12.35	-23.35	
ICICIBANK			311.15	313.70	280.00	282.40	-63.30	-18.31	
RBLBANK			153.35	162.35	139.55	141.00	-29.35	-17.23	
BANKBARODA			57.50	60.95	52.90	53.45	-9.80	-15.49	
SBIN			190.00	199.50	180.25	181.95	-27.90	-13.30	
HDFCBANK			794.60	838.75	765.00	778.90	-103.95	-11.77	
KOTAKBANK			1,137.50	1,204.45	1,078.15	1,119.00	-143.35	-11.36	
IDFCFIRSTB			18.70	19.45	17.75	18.60	-2.00	-9.71	
PNB			35.95	37.50	34.70	36.15	-1.90	-4.99	

समय बीतने के साथ हम अतीत की बुरी घटनाओं को भूल जाते हैं। मुझे नहीं लगता कि कई ट्रेडर्स इस दिन को अतीत से याद कर पाएँगे।

एक्सिस बैंक में एक दिन में 27.60% की गिरावट आई। 18.31% पर आई.सी.आई.सी.आई. बैंक का प्रदर्शन भी काफी खराब रहा।

संभवतः यह अच्छा था कि सौदे नहीं लिये गए।

यह बाजार में वास्तव में कठिन समय था, लेकिन हमारे पास परिभाषित कार्य था और ट्रेड करना था।

ऐसा 27 मार्च, 2020 को किया जा सका।

इस बीच बाजार काफी सँभल गया था। यदि हमने ट्रेड किया होता तो परिणाम बहुत अच्छे होते।

लेकिन जो नहीं किया, उस पर पछताने का कोई मतलब नहीं है।

इस तरह से 23 मार्च, 2020 को बड़े क्रैश के बाद बैंकनिफ्टी उबर गई।

तारीख	बैंकनिफ्टी क्लोजिंग	पॉइंट्स गेन/ लॉस	% गेन/ लॉस
23/03/20	16,917.65	(3,399.95)	(16.73)
24/03/20	17,107.30	189.65	1.12
25/03/20	18,481.05	1,373.75	8.03
26/03/20	19,613.90	1,132.85	6.13
27/03/20	19,969.00	355.10	1.81

हमारे ट्रेड 27 मार्च को सेटअप किए गए थे।

स्क्रिप	एक्शन	पुट स्ट्राइक	लॉट साइज	एंट्री प्राइस 27/03/20	क्रेडिट/ डेबिट	क्लोज प्राइस 27/03/20	लाभ/ हानि
HDFC BANK	बेचा	880	500	78.00	39,000	77.80	100
ICICI BANK	बेचा	320	1,375	35.00	48,125	35.70	(963)
AXIS BANK	बेचा	380	1,200	54.60	65,520	66.65	(14,460)
BANKNIFTY	खरीदा	19,500	3×20	1,618.00	(97,080)	1,777.25	9,555
					55,565		(5,768)

प्रारंभिक क्रेडिट 55,565 रुपए प्राप्त हुआ।

क्रेडिट काफी बड़ा था। यह ऑप्शन कीमतों में बढ़ती अस्थिरता के कारण था। बैंकनिफ्टी पुट 19,500 के लिए 1,618 रुपए का प्रीमियम देखें।

इसी तरह, बेचने से मिलने वाला प्रीमियम भी बड़ा था।

महत्त्वपूर्ण बात यह है कि इस प्रारंभिक ऋण का कितना हिस्सा अंततः लाभ में परिवर्तित होगा?

मार्च में खराब सीरीज के बाद हमें अप्रैल में अच्छी सीरीज की जरूरत थी।

शुरुआत अच्छी नहीं रही, क्योंकि सेटिंग के दिन ही ट्रेड घाटे में चला गया।

पिछले चार दिनों में बाजार ने मजबूती दिखाई थी। आशा थी कि गति जारी रहेगी; लेकिन वह नहीं होने के लिए था।

सोमवार, 30 मार्च को बैंकनिफ्टी 1,186.60 अंक (5.94%) नीचे चला गया।

12 में से केवल 2 शेयर बढ़त में थे और उनमें से एक एक्सिस बैंक था।

इससे यह सुनिश्चित हुआ कि उस दिन हमारे ट्रेड्स ने बहुत अच्छा प्रदर्शन किया। एम.टी.एम. हानि समाप्त हो गई और हमने दिन को 4,169 रुपए के एम.टी.एम. लाभ के साथ बंद किया।

स्क्रिप	एक्शन	पुट स्ट्राइक	लॉट साइज	एंट्री प्राइस 27/03/20	क्रेडिट/डेबिट	क्लोज प्राइस 30/03/20	लाभ/हानि
HDFC BANK	बेचा	880	500	78.00	39,000	107.85	(14,925)
ICICI BANK	बेचा	320	1,375	35.00	48,125	43.15	(11,206)
AXIS BANK	बेचा	380	1,200	54.60	65,520	60.75	(7,380)
BANKNIFTY	खरीदा	19,500	3×20	1,618.00	(97,080)	2,246.00	37,680
					55,565		4,169

इससे कुछ राहत मिली।

बाजार की दिशा अभी भी अनिश्चित थी। कोविड–19 मामले दिन–पर–दिन बढ़ते जा रहे थे। पूरा देश लॉकडाउन में था। कारोबार ठप हो गए थे। हालाँकि, बाजार कुछ लचीलापन दिखा रहा था, क्योंकि यह निचले स्तर से उबर रहा था।

मार्च का आखिरी दिन बैंकनिफ्टी के लिए अच्छा रहा, क्योंकि यह 361.60 अंकों की मामूली बढ़त के साथ 19,144 पर बंद हुआ।

हमारे ट्रेड्स सूचकांक से काफी बेहतर रहे और एम.टी.एम. 17,876 रुपए तक पहुँच गया।

अब, हम अप्रैल महीने में थे।

अप्रैल चार ट्रेडिंग छुट्टियों वाला महीना था, जिनमें से पहली छुट्टी 2 अप्रैल को थी। 1 अप्रैल को बैंकनिफ्टी 4.89% (935.65 अंक) नीचे 18,208.35 पर बंद हुआ।

इस गिरावट के साथ भी हमारी एम.टी.एम. स्थिति में सुधार हुआ और दिन का अंत 29,431 रुपए के लाभ के साथ हुआ।

सीरीज में अब तक सब अच्छा चल रहा था…

2 अप्रैल को बाजार अवकाश था। 3 अप्रैल को 959.05 अंक (5.27%) की गिरावट आई और बैंकनिफ्टी 17,249.30 पर आ गया।

एम.टी.एम. का मुनाफा तेजी से घटकर 19,296 रह गया।

शनिवार, रविवार और 6 अप्रैल को बाजार की छुट्टी होने के कारण ट्रेडिंग में ब्रेक लग गया।

विशेषज्ञों द्वारा कुछ स्पष्टीकरण दिए गए कि बैंक स्टॉक्स क्यों गिर रहे हैं! बताए गए कारण थे—कोविड-19, लॉकडाउन और 'मूडीज' ने बैंकिंग सेक्टर की रेटिंग घटा दी थी।

तीन दिन के अवकाश के दौरान कुछ भी नहीं बदला। कोविड-19 अभी भी लोगों की जान ले रहा था। लॉकडाउन लागू था और 'मूडी' की रेटिंग में कोई बदलाव नहीं आया था।

कुछ भी नहीं बदले जाने पर बैंकनिफ्टी ने 7 अप्रैल को 10.51% की बढ़ोतरी की, क्योंकि दिन के दौरान यह 1,813.20 अंक बढ़कर 19,062.50 पर बंद हुआ।

विशेषज्ञों के तर्क और विश्लेषण के लिए बहुत कुछ होता है...

पर बाजार हर किसी को गलत साबित कर सकता है।

यह हमारे ट्रेड्स के सेट के लिए एक शानदार दिन था, क्योंकि हमने एम.टी.एम. को (+) 46,406 की बहुत ऊँची संख्या में बढ़ते देखा।

अब बंद करने के बारे में सोचने का समय आ गया है।

8 अप्रैल को बैंकनिफ्टी 116.05 अंक नीचे था और हमारा एम.टी.एम. भी 44,861 पर चला गया। किसी तरह उस दिन हम ट्रेड से बाहर नहीं निकल सके।

9 अप्रैल को एक और अच्छी बढ़त हुई, जिससे बैंकनिफ्टी 19,913.60 पर पहुँच गया, जिसका मतलब 967.15 अंकों की बढ़त थी।

इस बार बड़े कदम से हमें ज्यादा फायदा नहीं हुआ; हालाँकि, एम.टी.एम. का मुनाफा मामूली बढ़कर 48,666 रुपए हो गया।

घाटे में होने पर ट्रेड्स के साथ इंतजार करना कठिन होता है। लाभ कमाने के लिए ट्रेड्स में प्रतीक्षा करना भी कठिन है। ये डर और लालच की भावनाएँ हैं, जो ऐसे समय में सामने आती हैं।

अगले दिन कारोबार बंद करने का निर्णय लिया गया।

13 अप्रैल को लगभग 10.30 बजे कारोबार बंद हो गया। सूचकांक दिन में 425.60 अंकों की गिरावट के साथ बंद हुआ; लेकिन हमारा दिन पहले ही बन चुका था।

स्क्रिप	एक्शन	पुट स्ट्राइक	लॉट साइज	एंट्री प्राइस 27/03/20	क्रेडिट/ डेबिट	क्लोज्ड ऑन 13/04/20	लाभ/ हानि
HDFC BANK	बेचा	880	500	78.00	39,000	45.50	16,250
ICICI BANK	बेचा	320	1,375	35.00	48,125	19.30	21,588
AXIS BANK	बेचा	380	1,200	54.60	65,520	25.00	35,520
BANKNIFTY	खरीदा	19,500	3×20	1,618.00	(97,080)	1,260	(21,480)
					55,565		51,878

अप्रैल 2020 सीरीज के इस सेट में 51,878 रुपए का मुनाफा दर्ज किया गया। इस रणनीति के साथ ट्रेडिंग के पिछले 6 महीनों में हमारा सर्वोत्तम परिणाम! इससे पिछली सीरीज में हार का गम भी दूर हो गया।

चूँकि अप्रैल सीरीज एफ. एंड ओ. की समाप्ति 30 अप्रैल को थी, इसलिए इस सीरीज में ट्रेड्स के दूसरे सेट के लिए पर्याप्त समय बचा था।

यह सेट–2 था। प्रारंभिक क्रेडिट 32,194 रुपए प्राप्त हुआ।

स्क्रिप	एक्शन	पुट स्ट्राइक	लॉट साइज	एंट्री प्राइस 13/04/20	क्रेडिट/ डेबिट	क्लोज प्राइस 13/04/20	लाभ/ हानि
HDFC BANK	बेचा	900	500	53.15	26,575	55.15	(1,000)
ICICI BANK	बेचा	320	1,375	13.20	26,400	18.95	344
AXIS BANK	बेचा	400	1,200	32.30	38,760	28.60	4,440
BANKNIFTY	खरीदा	19,000	3×20	992.35	(59,541)	920.30	(4,323)
					32,194		(539)

सेटअप के दिन एक छोटी सी एम.टी.एम. हानि हुई थी।

14 अप्रैल को छुट्टी थी।

15 अप्रैल को बैंकनिफ्टी बढ़त के साथ खुली थी। जिन बैंकिंग शेयरों में कमजोरी दिख रही थी, उनमें अचानक गिरावट आ गई। उनके पंख उग आए और वे ऊँची उड़ान भरने लगे। लेकिन उड़ान ज्यादा देर तक नहीं टिकी, मानो पंख मोम के बने हों, जो पिघल गए और ऊँचे उड़ने वाले तुरंत गिर गए।

सूचकांक उच्चतम स्तर से 1,000 अंक से अधिक टूटकर 430.95 अंक के नुकसान के साथ 19,057.05 पर बंद हुआ।

हमारी एम.टी.एम. स्थिति में थोड़ा सुधार हुआ और हम 1,067 रुपए की बढ़त के साथ सकारात्मक क्षेत्र में थे।

16 अप्रैल को सूचकांक में सकारात्मक बदलाव आया। समापन 19,400 पर था।

एक दिन नीचे और दूसरे दिन ऊपर की चालें वास्तव में हमारी रणनीति के लिए बहुत अच्छी हैं। ऐसे कदमों से बेचे गए पुट ऑप्शन का मूल्य घटता रहता है। इस दिन हमारा एम.टी.एम. लाभ बढ़कर 6,829 रुपए हो गया।

आर.बी.आई. के गवर्नर ने शुक्रवार, 17 अप्रैल को उन व्यवसायों के लिए कुछ राहत उपायों की घोषणा की, जो कोविड-19 लॉकडाउन के कारण संघर्ष कर रहे थे।

प्रारंभ में बाजार की प्रतिक्रिया नकारात्मक थी, लेकिन दोपहर 1 बजे के बाद बैंकनिफ्टी ने बढ़त हासिल करनी शुरू कर दी और 1,281.45 अंकों की शानदार बढ़त के साथ दिन का समापन किया। मंदी वाले बाजार में एक दिन में 6.61% की बढ़त अच्छी मानी जाती है।

इसका हमारे ट्रेड्स पर भी अच्छा प्रभाव पड़ा और एम.टी.एम. का मुनाफा बढ़कर 17,712 रुपए हो गया।

अप्रैल एक अच्छा महीना साबित हो रहा था।

सप्ताहांत के बाद ट्रेड कैसा प्रदर्शन करेगा, यह अभी देखा जाना बाकी है।

सोमवार, 20 अप्रैल को बैंकनिफ्टी 158.80 अंक नीचे था। हमारी एम.टी. एम. स्थिति सुधरकर 24,171 रुपए हो गई। अब हम दूसरा सेट बंद करने के बारे में सोच सकते हैं।

मंगलवार को आर.बी.आई. गवर्नर के भाषण का पूरा असर देखने को मिला और बैंकनिफ्टी एक बार फिर 19,409.35 पर आ गया, जबकि एक दिन में 1,113.30 अंक टूट गया। हमारे लिए सौभाग्य से, एम.टी.एम. लाभ में बहुत अधिक कमी नहीं आई। हम अभी भी (+) 21,077 के साथ वहाँ थे।

अगले दो दिनों में हमारे लिए कुछ नहीं हुआ, क्योंकि हमारी एम.टी.एम. स्थिति 21,678 और 21,823 पर बनी रही।

24 अप्रैल को ट्रेड बंद कर दिया गया, जब बैंकनिफ्टी उस दिन 681.30 अंक गिरकर फिर से नकारात्मक हो गया।

अप्रैल 2020 सीरीज का सेट-2 इस तरह बंद हुआ—

स्क्रिप	एक्शन	पुट स्ट्राइक	लॉट साइज	एंट्री प्राइस 13/04/20	क्रेडिट/ डेबिट	क्लोज्ड ऑन 24/04/20	लाभ/ हानि
HDFC BANK	बेचा	900	500	53.15	26,575	10.10	21,525
ICICI BANK	बेचा	320	1,375	19.20	26,400	5.20	19,250
AXIS BANK	बेचा	400	1,200	32.30	38,760	16.50	18,960
BANKNIFTY	खरीदा	19,000	3×20	992.35	(59,541)	302.00	(41,421)
					32,194		18,314

सेट–2 में मुनाफा—18,314 रुपए।

इससे पहले हमने अप्रैल 2020 सीरीज के सेट–1 में 51,878 रुपए का प्रॉफिट बुक किया था।

अप्रैल श्रृंखला के लिए कुल लाभ 70,192 रुपए था।

सचमुच एक बड़ी संख्या थी यह।

इस रणनीति के साथ ट्रेड के छह महीने भी पूरे हो गए।

इन छह महीनों में बाजार ने अच्छा प्रदर्शन नहीं किया, लेकिन रणनीति बहुत अच्छा मुनाफा दे सकती है।

6 महीने का सारांश—

नवंबर 2019—8,382 रुपए

दिसंबर 2019—43,337 रुपए

जनवरी 2020—28,477 रुपए

फरवरी 2020—28,133 रुपए

मार्च 2020—(–) 11,177 रुपए

अप्रैल 2020—70,192 रुपए

6 महीने के लिए कुल—1,67,344 रुपए।

इन 6 महीनों में हमारी रणनीति ने बहुत अच्छा प्रदर्शन किया। 6 महीने के बाद बैंकनिफ्टी काफी कम हो गई। बैंकनिफ्टी या किसी भी बैंकिंग स्टॉक में निवेश करने वाला कोई भी व्यक्ति निश्चित रूप से घाटे में रहा होगा। इस कठिन समय में इस रणनीति से अच्छा मुनाफा हुआ।

अप्रैल के अंत में बाजार अभी भी अनिर्णीत मोड में था। कोविड–19 फैल रहा था। मरने वालों की संख्या बढ़ रही थी और कोई इलाज नजर नहीं आ रहा था।

यह आर्थिक रूप से विनाश का लक्षण था। लेकिन बाजार मार्च के मध्य की तुलना में बेहतर स्थिति में था।

मई और जून के लिए स्टोर में क्या था?

हम भविष्य नहीं जानते थे, लेकिन यह विश्वास था कि बाजार की दिशा चाहे जो भी हो, यह रणनीति काम करेगी।

यह विश्वास था।

बाजार हर समय हमारे विश्वास और धैर्य की परीक्षा लेता है।

अगले दो महीनों में इनका परीक्षण कैसे किया गया, आइए, अगले अध्याय में जानें।

□

5

जीवन कठिन हुआ : मई और जून 2020

बाजार में एक कहावत है, 'मई में बेचें और निकल जाएँ।'

इस कथन में कुछ सच्चाई हो सकती है। कोई भी चीज बिना कारण के नहीं होती। वर्ष 2020 में यह बात सच साबित हुई।

'बेचने और निकल जाने' का तात्पर्य यह है कि आप कुछ स्टॉक्स शॉर्ट कर सकते हैं और स्टॉक्स के दाम नीचे आने का इंतजार करें।

अपनी रणनीति में हम शीर्ष बैंकिंग शेयरों के पुट ऑप्शंस बेच रहे हैं। अगर ये गिरते रहेंगे तो परेशानी होने की पूरी संभावना है।

ट्रेडर्स को अच्छे व बुरे—दोनों समय का समान धैर्य के साथ सामना करना चाहिए। बुरा समय ही हमारी ज्यादा परीक्षा लेता है।

आइए, देखें कि वर्ष 2020 की गरमियों में बाजार के उतार-चढ़ाव ने हमारे लिए कैसे काम किया!

दुनिया अभी भी कोविड-19 वायरस के कहर से जूझ रही थी।

अप्रैल में बाजार ने कुछ हद तक बढ़त हासिल की थी, लेकिन फिर से उसके नीचे जाने की पूरी संभावना थी।

ऑप्शन प्रीमियम अभी भी ऊँचे स्तर पर थे। हालाँकि, यह हमारे लिए ज्यादा मायने नहीं रखता था, क्योंकि हम खरीदने के साथ-साथ बेच भी रहे थे।

मई 2020 सीरीज के लिए ट्रेड्स 27 अप्रैल को सेटअप किए गए थे।

स्क्रिप	एक्शन	पुट स्ट्राइक	लॉट साइज	एंट्री प्राइस 27/04/20	क्रेडिट/ डेबिट	क्लोज प्राइस 24/04/20	लाभ/ हानि
HDFC BANK	बेचा	940	500	54.00	27,000	59.15	(2,575)
ICICI BANK	बेचा	340	1,375	24.70	33,962	22.75	2,681
AXIS BANK	बेचा	1,300	400	89.75	35,900	85.40	1,740
BANKNIFTY	खरीदा	19,500	3×20	959.40	(57,564)	939.80	(1,176)
					39,298		670

क्रेडिट 39,298 रुपए प्राप्त हुआ।

अप्रैल सीरीज में 70,000 रुपए से अधिक की मुनाफा-वसूली के बाद आत्मविश्वास का स्तर ऊँचा था।

27 अप्रैल को बैंकनिफ्टी 20,081.15 पर बंद हुआ था।

अगला दिन अजीब था। बैंकनिफ्टी लाभ में रही। यह 589.95 अंक या 2.94% ऊपर था। सभी 12 शेयरों में बढ़त रही।

ऐसे दिन को बहुत अच्छे परिणाम देने चाहिए थे।

लेकिन ऐसा नहीं हुआ।

कोटक बैंक और एच.डी.एफ.सी. बैंक का प्रदर्शन खराब रहा।

उनका लाभ सूचकांक द्वारा प्राप्त लाभ से बहुत कम था।

परिणामस्वरूप, हमने बेचे गए पुट्स से कुछ लाभ कमाया, लेकिन खरीदे गए बैंकनिफ्टी पुट्स से अधिक वापस कर दिया।

पहले दिन (+) 670 से हमारा एम.टी.एम. (–) 5,032 तक गिर गया।

यह अच्छा नहीं था, लेकिन चिंता की कोई बात नहीं थी।

29 अप्रैल को बैंकनिफ्टी 21,000 के ऊपर चला गया। धीरे-धीरे बाजार में मजबूती दिख रही थी। 21,090.20 पर सूचकांक के साथ हमारी एम.टी.एम. स्थिति (–) 1,377 तक सुधर गई।

अब हमने बैंकनिफ्टी में लगातार तीन दिनों की बढ़त देखी है।

क्या आसपास कहीं गिरावट आने वाली थी?

30 अप्रैल को अप्रैल सीरीज की समाप्ति का दिन था; हालाँकि, हमें इससे कोई सरोकार नहीं था। मई 2020 सीरीज के लिए हमारे ट्रेड्स पहले से ही निर्धारित थे।

30 अप्रैल, 2020 को एक और 444.30 अंक की बढ़त के साथ बैंकनिफ्टी 21,534.50 पर बंद हुआ।

मार्च में देखा गया 17,000 से नीचे का स्तर अब भुलाया जा रहा था।

हमारी एम.टी.एम. स्थिति (+) 8,871 रुपए की बढ़त के साथ लाभ क्षेत्र में वापस आ गई।

सीरीज के चार दिन बीत चुके थे और हम आरामदायक स्थिति में थे।

शुक्रवार, 1 मई को बाजार बंद था, जिसके बाद शनिवार और रविवार को साप्ताहिक अवकाश था। सोमवार, 4 मई बाजार के लिए 'पागलपन वाला सोमवार' (Manic Monday) साबित हुआ।

पिछले चार बाजार सत्रों में हुई लगातार बढ़त एक ही सत्र में गायब हो गई।

बैंकनिफ्टी 1,790.75 अंक (8.32%) टूटकर 19,743.75 पर आ गया।

सभी 12 शेयरों में गिरावट आई, जिसमें एच.डी.एफ.सी. बैंक और आई.सी. आई.सी.आई. बैंक आगे रहे।

हम 2,482 रुपए माइनस में चले गए और इससे हमारी एम.टी.एम. पोजीशन फिर घाटे में चली गई।

5 मई को बैंकिंग शेयरों के लिए कोई राहत नहीं थी, क्योंकि बैंकनिफ्टी में 472 अंक (2.39%) की गिरावट आई।

19,271.75 पर बैंकनिफ्टी के साथ हमारा एम.टी.एम. घाटा (-) 6,965 रुपए हो गया था।

क्या 'मई में बेचो और निकल जाओ' वाली कहावत सच साबित हो रही है?

मई में अब तक केवल दो कारोबारी दिन थे—4 और 5 मई, और दोनों दिन बाजार 'लाल निशान' में बंद हुआ था।

हालाँकि, हमने तब भी पैसा कमाया था, जब बैंकनिफ्टी को शुरुआती महीनों में घाटा हो रहा था।

इसलिए, हम आशा और विश्वास के साथ ट्रेड्स में बने रहे कि ये काम करेंगे।

अगले दिन बैंकनिफ्टी में थोड़ा सुधार हुआ। वह 2.15% की बढ़त के साथ 19,694.55 पर बंद हुआ।

इस कदम से हमारे ट्रेड्स को (–) 874 रुपए की आरामदायक एम.टी.एम. पोजीशन पर वापस आने में मदद मिली।

जब हम सोचते हैं कि हम मुसीबत से बाहर आ गए हैं तो और भी मुसीबतें हमारे सामने आ जाती हैं। 7 मई को बैंकनिफ्टी 202.35 अंक नीचे था। दुर्भाग्य से यह गिरावट एच.डी.एफ.सी. बैंक और कोटक बैंक के कारण हुई।

इसका तात्पर्य हमारे ट्रेड के लिए कुछ गंभीर परेशानी थी, क्योंकि हम करीब 15,793 रुपए का एम.टी.एम. घाटा देख रहे थे।

8 मई को 138.90 अंकों की और गिरावट आई। इस बार हमारे शेयरों ने दूसरों की तुलना में बेहतर प्रदर्शन किया और हमारी एम.टी.एम. स्थिति सुधरकर (–) 2,635 रुपए हो गई।

केवल एक कारोबारी सप्ताह में हमारा एम.टी.एम. (+) 8,871 से (–) 2,635 तक चला गया था, लेकिन हम चिंतित नहीं थे। इस तरह के उतार-चढ़ाव सामान्य हैं और यह सब हम पहले भी देख चुके हैं।

हमें अगले सप्ताह ऐसा ही कुछ और करना था, जिसका अर्थ था—कुछ न किया जाए।

बैंकनिफ्टी, जो अप्रैल के आखिरी दिन 21,500 से ऊपर चला गया था, 8 मई तक उस स्तर से 2,000 अंक से अधिक नीचे था।

सोमवार, 11 मई को बैंकनिफ्टी 19,000 से नीचे गिर गया, क्योंकि दिन के अंत में यह 2.08% या 402.40 अंक की गिरावट के साथ 18,950.50 पर बंद हुआ।

हमारी एम.टी.एम. पोजीशन, जो कुछ समय के लिए आरामदायक हो गई थी, फिर से असहज स्थिति में चली गई। यह अब (–) 14,914 रुपए पर था।

12 मई को बैंकनिफ्टी में केवल 82.65 अंकों की गिरावट के साथ हमें अधिक नुकसान हुआ, क्योंकि घाटा (–) 23,306 रुपए तक बढ़ गया।

ऐसे समय में कोई भी ट्रेडर रणनीति को दरकिनार करने या कुछ एडजस्टमेंट ट्रेड्स करने के बारे में सोचता है।

दरअसल, ट्रेडिंग में 'एडजस्टमेंट' नाम की कोई चीज नहीं होती। प्रत्येक ट्रेड एक अनुबंध है। उससे आपको या तो फायदा होता है या फिर नुकसान। तथाकथित 'एडजस्टमेंट ट्रेड' सिर्फ एक और ट्रेड है। फिर, इसे एडजस्टमेंट क्यों कहें?

मूलतः, यह पहले ट्रेड में हुए नुकसान को स्वीकार करने से हमारा इनकार है।

नए ट्रेड के भी पिछले ट्रेड की तरह ही सफल होने की संभावना है। इसे 'एडजस्टमेंट ट्रेड' जैसा फैंसी नाम देकर खुद को धोखा देने का कोई मतलब नहीं है।

किसी भी रणनीति में कुछ मौकों पर नुकसान होगा। हम यह जानते हैं और हमें उन्हें स्वीकार करना चाहिए।

स्वीकार करने का अर्थ यह नहीं है कि नुकसान हमें खुश कर देगा!

प्रतिकूल परिस्थितियों में समझदारी बनाए रखना महत्त्वपूर्ण है।

13 मई को बैंकनिफ्टी में बड़ी तेजी आई और यह 4.09% (772.10 अंक) बढ़कर 19,635.95 पर बंद हुआ।

सकारात्मक कदम हमारे लिए अच्छा रहा और एम.टी.एम. घाटा कम होकर (–) 13,160 रुपए पर आ गया।

लेकिन राहत ज्यादा देर तक नहीं रही।

वे सभी लोग, जो 13 मई को बैंकिंग स्टॉक खरीद रहे थे, उन्हें अचानक पता चला कि यह खरीदने लायक नहीं है। 14 मई को बैंकनिफ्टी के 566.45 अंक (2.88%) नीचे जाने से और क्या अनुमान लगाया जा सकता है?

इस गिरावट के कारण हमारा नुकसान (–) 22,258 तक बढ़ गया। हम एक कठिन स्थिति में थे।

निफ्टी अगले दिन भी नीचे की ओर बढ़ता रहा और 234.55 की गिरावट के साथ सप्ताह के अंत में 18,833.95 पर बंद हुआ।

एक बार फिर, सूचकांक 19,000 से नीचे था और बाजार का परिदृश्य धूमिल दिख रहा था। इससे भी अधिक यह एम.टी.एम. स्थिति थी, जो हालाँकि (–) 16,885 रुपए तक सुधर गई थी, फिर भी कुछ चिंता का कारण थी।

ट्रेड्स की दिन-प्रतिदिन की निगरानी में यही समस्या है।

हर दिन एक चिंता होती है। हमें रोजमर्रा की घटनाओं से ज्यादा चिंतित नहीं होना चाहिए; लेकिन यह एक ऐसी आदत है, जिससे छुटकारा पाना बहुत मुश्किल है।

सीरीज में अभी भी समय बाकी था और हमें उम्मीद थी कि कुछ अच्छा होने वाला है।

हमने केवल आशा की थी, जबकि हमें इस बात का अंदाजा नहीं था कि सोमवार को बैंकनिफ्टी 6.69% गिरकर 17,573.20 पर बंद होगा।

एक बार फिर बाजार में डर बैठ गया था।

इस दिन प्रत्येक बैंकिंग स्टॉक में गिरावट आई, जिसमें वे शेयर भी शामिल हैं, जो बैंकनिफ्टी सूचकांक का हिस्सा नहीं हैं।

इस गिरावट से हमें कोई मदद नहीं मिली, क्योंकि हमने देखा कि 18 मई को हमारा घाटा (–) 27,631 रुपए तक बढ़ गया।

रणनीति विफल हो रही थी और बड़ी विफलता हो रही थी।

आज, जब हम पीछे मुड़कर देखते हैं तो यह अतीत की एक घटना है। उस समय यह वास्तविक समय में घटित हो रहा था और मेरे ब्लॉग पर यह लिखना कठिन था कि नुकसान ठीक था और हम इसका इंतजार कर सकते हैं।

अगले दिन हमारे ट्रेड में कुछ अच्छी किस्मत आई। बैंकनिफ्टी 3 लाभ और 9 हानि के साथ 86.95 अंक गिरकर बंद हुआ।

कोटक बैंक कुछ लाभ के साथ बंद होने के साथ हमारी एम.टी.एम. पोजीशन सुधरकर (–) रु. 15,203 हो गई। कुछ राहत, लेकिन अभी भी संकट से बाहर नहीं हैं।

20 मई को बैंकनिफ्टी में 2.02% की बढ़ोतरी हुई और यह 17,840 पर पहुँच गया। इस तेजी ने हमारे ट्रेट्स को बेहतर स्थिति में लाने में मदद की। अब घाटा कम होकर (–) 7,127 रुपए हो गया।

घाटा कम हो रहा था और थोड़ी उम्मीद थी कि शायद हम बहुत कम लाभ के साथ सीरीज समाप्त कर सकें। फिलहाल, हमें यह देखकर खुशी हुई कि (–) 27,631 घटकर (–) 7,127 पर आ गया।

बाजार ने 21 मई को पिछले दिन की कुछ बढ़त वापस देने का फैसला किया था। बैंकनिफ्टी 17,735.10 पर बंद हुआ। हमारे ट्रेट्स थोड़ा बेहतर हुए और हमारी एम.टी.एम. स्थिति सुधरकर (–) 5,103 रुपए हो गई।

समाप्ति सप्ताह से पहले अगला दिन शुक्रवार था और यही वह समय है, जब हम श्रृंखला के लिए ट्रेड बंद करते हैं। उस स्तर पर जो भी लाभ या हानि होती है, हम उसे स्वीकार करते हैं।

22 मई को बैंकनिफ्टी 2.78% (456.20) नीचे चला गया और हमने दोपहर 2 बजे तक कुछ उम्मीद के साथ इंतजार करने के बाद ट्रेड क्लोज कर दिए। बैंकनिफ्टी 17,278.90 पर बंद हुआ था।

स्क्रिप	एक्शन	पुट स्ट्राइक	लॉट साइज	एंट्री प्राइस 27/04/20	क्रेडिट/ डेबिट	क्लोज्ड ऑन 22/05/20	लाभ/ हानि
HDFC BANK	बेचा	940	500	54.00	27,000	106.90	(26,450)
ICICI BANK	बेचा	340	1,375	24.70	33,962	50.60	(35,613)
KOTAK BANK	बेचा	1,300	400	89.75	35,900	160.85	(28,440)
BANKNIFTY	खरीदा	19,500	3X20	959.40	(57,564)	2,340.00	82,836
					39,298		(7,667)

मई 2020 सीरीज में 7,667 रुपए का नुकसान हुआ।

निश्चित रूप से यह एक निराशाजनक परिणाम था, लेकिन हमें इसे सही नजरिए से देखने की जरूरत थी।

30 अप्रैल के बाद से बैंकनिफ्टी 4,000 अंक से अधिक नीचे चला गया था। हमारे शेयरों ने इस बार बेहतर प्रदर्शन नहीं किया। ऐसी स्थिति में नुकसान ही संभावित परिणाम था।

7 महीनों की ट्रेडिंग में यह हमारा दूसरा नुकसान था और हम अभी भी पहले के महीनों की तुलना में अच्छा लाभ कमा रहे थे।

हम इस तथ्य को स्वीकार करते हैं कि हर महीने पैसा नहीं कमाया जाएगा, और अब हम जून 2020 सीरीज की ओर आगे बढ़ते हैं।

जून 2020

जून सीरीज के ट्रेड्स 26 मई को सेट किए गए थे।

यह फिर से एच.डी.एफ.सी. बैंक, आई.सी.आई.सी.आई. बैंक और कोटक बैंक के साथ था।

मई 2020 सीरीज की तुलना में ऑप्शंस की स्ट्राइक कीमतों में अंतर देखें। यह हमें बताता है कि मई का महीना कितना खराब था।

स्क्रिप	एक्शन	पुट स्ट्राइक	लॉट साइज	एंट्री प्राइस 26/05/20	क्रेडिट/ डेबिट	क्लोजिंग प्राइस ऑन 26/05/20	लाभ/ हानि
HDFC BANK	बेचा	840	500	36.65	18,325	38.95	(1,150)
ICICI BANK	बेचा	280	1,375	13.80	18,975	13.85	(69)
KOTAK BANK	बेचा	1,150	400	66.15	26,460	65.30	340
BANKNIFTY	खरीदा	16,500	3×20	506.00	(30,360)	525.25	1,173
					33,400		294

प्रारंभिक क्रेडिट 33,400 रुपए प्राप्त हुआ और सेटिंग के दिन ट्रेडिंग ठीक-ठाक रही।

26 मई को बैंकनिफ्टी 17,440.35 पर बंद हुआ था।

27 मई को बैंकनिफ्टी नींद से जागा और मजबूती से आगे बढ़ने लगा।

दिन के दौरान इसमें 1,270.20 अंक (7.28%) की बढ़त हुई। यह कुछ ऐसा है, जिसे समझना बहुत मुश्किल था।

ये वही बैंकिंग स्टॉक्स थे, जिन्हें सिर्फ दो दिन पहले डंप किया जा रहा था। अचानक लोग ऐसे खरीदारी कर रहे थे, जैसे कल आता ही नहीं।

जगह-जगह लॉकडाउन के कारण बैंकों की लाभप्रदता को लेकर चिंताएँ थीं। अचानक वे चिंताएँ पीछे छूट गईं।

खैर, बाजार इसी तरह चलता है।

वह दिन हमारे ट्रेड के लिए बहुत अच्छा था, क्योंकि एम.टी.एम. लाभ पिछले दिन के 294 रुपए से बढ़कर 16,709 रुपए हो गया।

मई सीरीज में नुकसान के बाद ऐसा दिन आना अच्छा था।

28 मई को 459.05 अंक की फिर बढ़त हुई।

इसने हमारे लिए अच्छा काम किया और एम.टी.एम. लाभ अब 20,564 रुपए था। एक और 3,000 रुपए मिल जाएँ तो हम इस सेटअप से बाहर निकलने के बारे में सोच सकते हैं।

दरअसल, मेरे ब्लॉग के कुछ पाठकों ने मुझे संदेश भेजकर सूचित किया कि उन्होंने 18,000 से 20,000 रुपए तक के मुनाफे वाले ट्रेड्स बंद कर दिए हैं।

लेकिन हम अभी भी अपने ट्रेड्स के साथ प्रतीक्षा कर रहे थे।

शुक्रवार, 29 मई को सूचकांक में गिरावट देखी गई। काफी देर तक यह 'लाल क्षेत्र' में रहा और फिर 147.45 अंकों की बढ़त के साथ 19,297.25 पर बंद हुआ।

फिर इसका हमारे ट्रेड पर सकारात्मक प्रभाव पड़ा और एम.टी.एम. लाभ बढ़कर 21,862 रुपए हो गया।

हम अभी भी लगभग 23,000–24,000 रुपए के समापन लक्ष्य की तलाश में थे।

सोमवार, 1 जून को बाजार मजबूती के साथ खुला।

बैंकनिफ्टी 3.43% (662.65 अंक) ऊपर था और सूचकांक 19,959.90 पर चढ़ गया।

बैंकनिफ्टी में इस तरह के कदम से हमें कोई बड़ा फायदा नहीं हुआ, क्योंकि एम.टी.एम. का मुनाफा बढ़कर सिर्फ 23,909 रुपए हो गया। कुछ और मुनाफे की उम्मीद में हमारे सौदे बंद नहीं हुए।

ऐसा फैसला किसी भी तरफ जा सकता है। वैसे भी, हमने इंतजार किया।

2 जून को सुबह 11.10 बजे कारोबार बंद हो गया। कुछ और इंतजार से बेहतर मुनाफा मिलता, लेकिन बाजार को समयबद्ध करना संभव नहीं है। बैंकनिफ्टी में 570.30 अंक (2.86%) की वृद्धि हुई, लेकिन इसका एक बड़ा हिस्सा हमारे ट्रेड्स बंद करने के बाद आया।

स्क्रिप	एक्शन	पुट स्ट्राइक	लॉट साइज	एंट्री प्राइस 26/05/20	क्रेडिट/ डेबिट	क्लोज्ड ऑन जून 02/06/20	लाभ/ हानि
HDFC BANK	बेचा	840	500	36.65	18,325	6.70	14,975
ICICI BANK	बेचा	280	1,375	13.80	18,975	2.90	14,988
KOTAK BANK	बेचा	1,150	400	66.15	26,460	12.80	21,340
BANKNIFTY	खरीदा	16,500	3X20	506.00	(30,360)	109.00	(23,820)
					33,400		27,483

जून सीरीज में बहुत ही कम समय में 27,483 रुपए का मुनाफा हुआ।

सीरीज के लिए दूसरा सेट दोपहर 1 बजे स्थापित किया गया था और समाप्ति पर यह सेट भी लाभ की स्थिति में था।

स्क्रिप	एक्शन	पुट स्ट्राइक	लॉट साइज	एंट्री प्राइस 02/06/20	क्रेडिट/डेबिट	क्लोज प्राइस 02/06/20	लाभ/हानि
HDFC BANK	बेचा	980	500	44.20	22,100	36.10	4,050
ICICI BANK	बेचा	330	1,375	14.80	20,850	11.50	4,538
KOTAK BANK	बेचा	1,300	400	59.30	23,720	43.90	6,160
BANKNIFTY	खरीदा	19,500	3×20	740.00	(44,400)	533.30	(12,402)
					21,770		2,346

आइए, देखें कि सेट-2 ने कैसा प्रदर्शन किया!

3 जून को बैंकनिफ्टी में 2% की और बढ़त के साथ सूचकांक 20,940.70 पर पहुँच गया।

यह सीरीज मई सीरीज से काफी अलग साबित हो रही थी।

हमारा एम.टी.एम. लाभ सुधरकर 6,856 रुपए हो गया।

ऐसा लग रहा था कि हम एक और अच्छी सीरीज के लिए तैयार हैं।

ट्रेडर्स की इच्छाएँ शायद ही कभी पूरी होती हैं। अन्यथा बाजार में 90% घाटे वाले ट्रेडर नहीं होंगे।

पिछले कुछ दिनों की तेजी ने गिरावट का मार्ग प्रशस्त किया।

बैंकनिफ्टी 550.25 अंक (2.63%) गिरकर 20,390.45 पर आ गया।

त्वरित लाभ की हमारी आशाओं को भी कम करना पड़ा, क्योंकि हमने देखा कि हमारी एम.टी.एम. स्थिति घटकर 3,970 रुपए पर आ गई है।

बुल्स ने 5 जून को वापसी की और बैंकनिफ्टी को 21,000 से ऊपर ले गए।

644.05 अंक (3.16%) की बढ़त के साथ यह 21,034.50 पर बंद हुआ।

इस कदम से हमें क्या मिला?

ज्यादा नहीं। एम.टी.एम. पोजीशन सुधरकर 6,203 रुपए हो गई। दो दिन पहले हम बेहतर स्थिति में थे।

यह सप्ताहांत था और हम सोमवार का इंतजार कर रहे थे, ताकि हमें कुछ और लाभ मिल सके।

सोमवार का दिन अच्छा नहीं रहा। हालाँकि, बैंकनिफ्टी दिन के लिए सकारात्मक थी, हमारे सभी तीन स्टॉक्स हारे हुए थे। बेचे गए पुट का मूल्य प्राप्त हुआ।

चूँकि बैंकनिफ्टी सकारात्मक था, खरीदे गए बैंकनिफ्टी पुट का भी मूल्य कम हो गया था। हमें दोनों तरफ के ट्रेड्स में नुकसान उठाना पड़ा।

एम.टी.एम. का लाभ घाटे में बदल गया।

अब पोजीशन (–) 326 रुपए थी।

नुकसान बड़ा नहीं था, लेकिन फायदे की स्थिति से घाटे में आना हमेशा बुरा लगता है।

9 जून को बैंकनिफ्टी 462.45 अंक (2.18%) गिरकर 20,724.90 पर बंद हुआ था।

फिर, हमारे ट्रेड्स के लिए एक बुरा दिन…

एम.टी.एम. पोजीशन अब घटकर (–) 8,905 रुपए हो गई थी।

सेट–2 से त्वरित लाभ की उम्मीदें इस समय तक खत्म हो चुकी थीं।

अब यह आशा और विश्वास के साथ ट्रेड्स में बने रहने का सवाल था कि रणनीति अंततः काम करेगी! महीने की शुरुआत में बुक किया गया मुनाफा विश्वास को बनाए रखने का एक कारक था।

10 जून को बैंकनिफ्टी एक बार फिर 21,000 के स्तर पर पहुँच गया और 375.20 अंक (1.81%) बढ़कर 21,100.10 पर बंद हुआ। लाभ अन्य शेयरों से आया, न कि शीर्ष तीन से। इंडसइंडबीके दिन के लिए 10% ऊपर था। इस कदम से हमारे लिए कोई बड़ी खुशी नहीं हुई।

हमारी एम.टी.एम. स्थिति (–) 8,905 रुपए से सुधरकर (–) 5,367 रुपए हो गई।

अगले दिन बैंकनिफ्टी फिर से नीचे आ गया। इस बार बड़े पैमाने पर, यह 2.72% की गिरावट के साथ 20,525.15 पर आ गया।

हमारा एम.टी.एम. घाटा बढ़कर (–) 9,813 हो गया।

सप्ताह के आखिरी कारोबारी दिन कुछ सुधार देखने को मिला; लेकिन सोमवार, 15 जून को हमारा ट्रेड वास्तव में गलत हो गया।

बैंकनिफ्टी 3.59% (741.65 अंक) नीचे 19,912.90 पर बंद हुआ था।

एम.टी.एम. घाटा अब बढ़कर (–) 17,783 रुपए हो गया था।

ऐसे समय में हम क्या करें?

हम चिंता कर सकते हैं।

हम कुछ समायोजन कर सकते हैं, जैसे अधिकांश ट्रेड्स करते हैं।

या फिर हम कुछ नहीं करते और ट्रेड्स में लगे रहते हैं।

हमेशा की तरह हम कुछ न करने का विकल्प अपनाते हैं।

ट्रेड सेट करने के बाद कुछ न करना ही रणनीति है। हम इससे विचलित नहीं होते।

अपने चुने हुए रास्ते से न हटकर हम कहाँ पहुँच गए?

अगले दिन इंडेक्स ने 383.70 अंक (1.95%) की रिकवरी की। इस बार हमारे शेयरों ने इंडेक्स से बेहतर प्रदर्शन किया। परिणाम—एम.टी.एम. घाटा घटकर (–) 2,152 रह गया।

एक दिन में (–) 17,783 से (–) 2,152 तक। इस अवसर पर हमारा कुछ न करना सही साबित हुआ।

17 जून को बाजार 94.95 अंक के नुकसान के साथ सपाट रहा। इससे नुकसान नहीं होना चाहिए था, लेकिन सभी तीन स्टॉक्स घाटे में थे, कोटक बैंक सबसे बड़े नुकसान में था।

हम (–) 10,658 रुपए पर आ गए।

पिछले दिन की खुशी एक बार फिर चिंता में बदल गई थी।

18 जून को 3.74% (754.55 अंक) की बड़ी बढ़ोतरी हुई।

वह दिन हमारे ट्रेड्स के लिए अच्छा था, क्योंकि घाटा खत्म हो गया था और फिर से लाभ देखने को मिला। हमारी एम.टी.एम. पोजीशन (+) 6,234 रुपए थी।

तीन कारोबारी सत्रों में (–) 17,783 (+) 6,234 हो गया था।

शुक्रवार, 19 जून को ट्रेडिंग बंद थी, क्योंकि उस दिन बैंकनिफ्टी में तेजी आई थी।

स्क्रिप	एक्शन	पुट स्ट्राइक	लॉट साइज	एंट्री प्राइस 02/06/20	क्रेडिट/ डेबिट	क्लोज्ड ऑन 19/06/23	लाभ/ हानि
HDFC BANK	बेचा	980	500	44.20	22,100	7.00	18,600
ICICI BANK	बेचा	330	1,375	14.80	20,850	2.55	16,744
KOTAK BANK	बेचा	1,300	400	59.30	23,720	31.50	11,120
BANKNIFTY	खरीदा	19,500	3X20	740.00	(44,400)	85.50	(39,270)
					21,770		7,294

सेट-2 से बुक किया गया प्रॉफिट 7,294 रुपए था।

हम एक कठिन पोजीशन से बचकर निकलते हुए अंततः एक और मुनाफा हासिल करने में कामयाब रहे।

27,483 रुपए पहले ही बुक करने के चलते जून 2020 सीरीज में हमारा कुल मुनाफा 34,777 रुपए का रहा।

मई 2020 सीरीज में हमारा घाटा 7,667 रुपए रहा था, जो कि जून सीरीज के दूसरे सेट में लगभग कवर हो गया।

इसी समय हमने ट्रेडिंग में 8 महीने भी पूरे किए। इन 8 महीनों में 6 महीने तो मुनाफे में ही गुजरे। वहीं घाटे वाले 2 महीने भी ऐसे रहे, जिनमें नुकसान बहुत बड़ा नहीं हुआ।

8 महीनों के नतीजों के आधार पर इस रणनीति का आकलन करना आसान हो जाता है।

8 महीनों का सारांश—

नवंबर 2019—8,383 रुपए

दिसंबर 2019—43,337 रुपए

जनवरी 2020—28,477 रुपए

फरवरी 2020—28,133 रुपए

मार्च 2020—(-) 11,177 रुपए

अप्रैल 2020—70,192 रुपए

मई 2020—(-) 7,667 रुपए

जून 2020—34,777 रुपए

8 महीनों का कुल मुनाफा—1,94,454 रुपए।

कोई भी व्यक्ति अतीत में कमाए गए मुनाफे पर यूँ ही नहीं बैठा रह सकता। हमें वर्तमान में रहना चाहिए और महीने-दर-महीने खुद का और अपने तरीकों का परीक्षण करते रहना चाहिए। ऐसा करते समय हम सफलता और विफलता दोनों को एक ही भावना से स्वीकार करना सीखते हैं।

हम अगले अध्याय में जुलाई और अगस्त 2020 सीरीज की ओर बढ़ते हैं। □

6

धीमी चाल–जुलाई-अगस्त 2020

जब हमने इस रणनीति के साथ अपने ट्रेड्स शुरू किए तो उस दिन 1 नवंबर, 2019 को बैंकनिफ्टी 30,333.55 पर बंद हुआ था।

उस दिन हमने जून सीरीज बंद कर दी, यानी 19 जून, 2020 को बैंकनिफ्टी 21,338.10 पर था।

विशेषज्ञ हमें इंडेक्स में निवेश करने के लिए कहते हैं, क्योंकि खुदरा ट्रेडर्स आमतौर पर इंडेक्स से बेहतर प्रदर्शन नहीं कर सकते हैं।

खैर, यहाँ एक ऐसी रणनीति थी, जिसने बहुत अच्छा मुनाफा दिया था; जबकि बैंकनिफ्टी सूचकांक 8,995 अंक गिर गया था।

इंडेक्स 29.65% नीचे था, जबकि स्ट्रेटेजी ने 8 महीने में 1,94,454 रुपए का मुनाफा कमाया था।

हमें और क्या चाहिए?

मेरा मानना है कि अभी निष्कर्ष निकालना जल्दबाजी होगी; हालाँकि, नतीजों से खुश होने में कोई बुराई नहीं है। ट्रेडिंग यात्रा कभी भी आसान नहीं होती है और रास्ता हमेशा अचानक उतार-चढ़ाव से भरा होता है।

हम मार्च 2020 में बड़ी गिरावट को, बिना ज्यादा नुकसान उठाए, झेलने में सक्षम थे। इस स्तर पर हमारे लिए भविष्य क्या होगा, यह अज्ञात था।

जुलाई 2020

हमने अपने कदमों में तेजी के साथ नई सीरीज की ओर रुख किया।

ट्रेड सोमवार, 22 जून, 2020 को स्थापित किए गए।

स्क्रिप	एक्शन	पुट स्ट्राइक	लॉट साइज	एंट्री प्राइस 22/06/20	क्रेडिट/ डेबिट	क्लोज प्राइस 22/06/20	लाभ/ हानि
HDFC BANK	बेचा	1,020	550	52.15	28,682.5	55.55	(1,870)
ICICI BANK	बेचा	360	1,375	21.30	29,287.5	21.90	(825)
KOTAK BANK	बेचा	1,300	400	70.00	28,000	56.35	5,460
BANKNIFTY	खरीदा	19,500	3×25	800	(60,000)	803.60	260
					25,970		3,035

एच.डी.एफ.सी. बैंक का लॉट साइज पहले के 500 से बदलकर 550 हो गया था। बैंकनिफ्टी का लॉट साइज भी 20 से बदलकर 25 हो गया था।

ट्रेड सेटअप के लिए अभी भी प्रत्येक स्टॉक का 1 लॉट और बैंकनिफ्टी का 3 लॉट था।

जुलाई सीरीज के लिए प्रारंभिक क्रेडिट 25,970 रुपए प्राप्त हुआ था और ट्रेड्स पहले दिन 3,035 रुपए की सकारात्मक एम.टी.एम. पोजीशन के साथ समाप्त हुए थे।

बैंकनिफ्टी भी थोड़ा ऊपर 21,738.35 पर पहुँच गया था।

ट्रेड्स किए गए।

आगे क्या आता है ?

केवल इंतजार, और कुछ नहीं करना…!

परिणाम 'कुछ भी न करने' से प्राप्त होंगे, भले ही रोजाना की गतिविधियाँ हमें खुश करने या चिंता करने के लिए बहुत कुछ पेश करेंगी।

आइए, देखें कि यह हमारे लिए कैसा रहा!

पहले 5 दिन—

तारीख	बैंकनिफ्टी क्लोजिंग	पॉइंट्स लाभ/हानि	% लाभ/ हानि	एम.टी.एम. लाभ/हानि (रुपए में)
22/06/20	21,708.35	370.25	1.74	3,035
23/06/20	22,264.90	556.55	2.56	1,832
24/06/20	21,426.80	(838.10)	(3.76)	(8,032)
25/06/20	21,506.15	79.35	0.37	(2,125)
26/06/20	21,592.05	85.90	0.40	789

इन 5 दिनों में बैंकनिफ्टी 21,708.35 से 21,592.05 पर आ गया है। सप्ताह के दौरान शीर्ष 3 शेयरों ने अच्छा प्रदर्शन नहीं किया। वास्तव में आई.सी.आई.सी.आई. बैंक में 24 जून को 7% की गिरावट आई, जिसके कारण ट्रेड्स घाटे में चले गए।

हम 5 दिनों के बाद थोड़े से लाभ के साथ वहाँ रुके हुए थे।

अगले 5 दिन—

तारीख	बैंकनिफ्टी क्लोजिंग	पॉइंट्स लाभ/ हानि	% लाभ/ हानि	एम.टी.एम. लाभ/ हानि (रुपए)
29/06/20	21,359.00	(233.05)	(1.08)	6,321
30/06/20	21,370.00	11.15	0.05	12,039
01/07/20	21,977.60	607.45	2.84	10,323
02/07/20	21,953.20	(24.40)	(0.11)	10,288
03/07/20	21,852.40	(100.80)	(0.46)	7,823

इन 5 दिनों में बैंकनिफ्टी ने एक छोटी सी बढ़त हासिल की और हमारी एम.टी.एम. स्थिति सुधरकर 7,823 रुपए हो गई।

हमने यह भी देखा कि जब 30/06/20 को बैंकनिफ्टी सपाट थी तो लाभ में बड़ा उछाल आया; जबकि 01/07/20 को बड़े सूचकांक में उछाल के बावजूद मुनाफा कम हो गया। यह सब बेहतर प्रदर्शन के बारे में है। जब ऐसा नहीं होता तो कुछ दिक्कत होती है।

वैसे भी ये पाँच दिन काफी अच्छे बीते थे।

अगले 5 दिन—

तारीख	बैंकनिफ्टी क्लोजिंग	पॉइंट्स लाभ/ हानि	% लाभ/ हानि	एम.टी.एम. लाभ/ हानि (रुपए)
06/07/20	22,198.95	346.55	1.59	6,149
07/07/20	22,628.00	429.05	1.93	9,973
08/07/20	22,584.65	(43.35)	(0.19)	4,346
09/07/20	22,907.20	322.55	1.43	5,549
10/07/20	22,398.45	(508.75)	(2.22)	224

पिछले सप्ताह का हमारा एम.टी.एम. लाभ इन पाँच कारोबारी दिनों के दौरान बरबाद हो गया। इस अवधि में बैंकनिफ्टी ऊपर चला गया था; लेकिन हमारे ट्रेड्स को बढ़त से कोई फायदा नहीं हुआ। कारण पिछले सप्ताह जैसा ही था। शीर्ष 3 स्टॉक्स प्रदर्शन नहीं कर रहे थे और सारी खरीदारी बंधन बैंक, इंडसइंडबीके आदि जैसे अन्य शेयरों में हुई।

तीन सप्ताह बीत चुके थे और हम मुनाफा कमाने के करीब भी नहीं थे। बल्कि, व्यापार को नाजुक ढंग से पोजीशन किया गया था। आगे कोई भी गिरावट आने पर हमें जल्द ही नुकसान का सामना करना पड़ सकता था।

अगले 5 दिन—

तारीख	बैंकनिफ्टी क्लोजिंग	पॉइंट्स लाभ/ हानि	% लाभ/ हानि	एम.टी.एम. लाभ/ हानि (रुपए)
13/07/20	22,098.25	(309.20)	(1.38)	(5,501)
14/07/20	21,392.20	(697.05)	(3.16)	निकाला नहीं गया
15/07/20	21,340.75	(51.45)	(0.24)	(9,275)
16/07/20	21,597.15	256.40	1.20	(10,491)
17/07/20	21,966.80	369.65	1.71	(2,098)

इस बात की चिंता थी कि आगे और गिरावट का रुख ट्रेड के लिए बुरा होगा। यह गिरावट अगले तीन दिनों में हुई। चौथे दिन सूचकांक में थोड़ा सुधार हुआ, लेकिन हमारा एम.टी.एम. घाटा सीरीज में उच्चतम स्तर (–) 10,491 रुपए पर पहुँच गया।

यह और बात है कि अगले दिन 17 जुलाई को यह घटकर (–) 2,098 रुपए पर आ गया।

चार व्यापारिक सप्ताह बीत गए।

यह सबसे नीरस ट्रेडिंग अनुभव साबित हो रहा था। 20 दिनों के कारोबार के बाद हम 2,098 रुपए नीचे थे। आँकड़ों पर नजर डालें तो बैंकनिफ्टी ने भी कोई कमाल नहीं किया। सेटअप के दिन यह 21,708.35 था। 17 जुलाई को यह 21,966.80 था।

258.85 अंक की बहुत छोटी बढ़त ने हमें लाभ कमाने का कोई मौका नहीं दिया। हमने 12,039 रुपए का उच्चतम स्तर और (–) 10,491 रुपए का निचला स्तर देखा था।

हमने (–) 2,098 पर अपने एम.टी.एम. के साथ इस लंबी सीरीज के अंतिम सप्ताह में प्रवेश किया।

अगले 5 दिन—

तारीख	बैंकनिफ्टी क्लोजिंग	पॉइंट्स लाभ/ हानि	% लाभ/ हानि	एम.टी.एम. लाभ/ हानि (रुपए)
20/07/20	22,321.85	355.05	1.62	1,791
21/07/20	22,782.00	460.05	2.06	16,648
22/07/20	22,882.60	100.60	0.44	16,246 (बंद)
23/07/20	23,083.90	201.30	0.88	----------
24/07/20	22,662.05	(421.85)	(1.83)	----------

नए सप्ताह के पहले दिन हमारी एम.टी.एम. स्थिति 1,791 रुपए के लाभ पर वापस आ गई, क्योंकि बैंकनिफ्टी में 355.05 अंक की बढ़त हुई थी।

बाजार ने 21 जुलाई को हमें हमारे धैर्य का इनाम देने का फैसला किया। बैंकनिफ्टी 460.05 अंक ऊपर था। आई.सी.आई.सी.आई. बैंक दिन का हीरो रहा और तेजी के कारण एम.टी.एम. का मुनाफा 16,648 रुपए हो गया।

भाग्य में इस बदलाव का लाभ उठाने और अगले दिन ट्रेडिंग बंद करने का निर्णय लिया गया।

हालाँकि, अगले दिन बैंकनिफ्टी में तेजी थी, लेकिन इसका कोई फायदा नहीं उठाया जा सका और 16,246 रुपए के मुनाफे के साथ कारोबार बंद हुआ।

स्क्रिप	एक्शन	पुट स्ट्राइक	लॉट साइज	एंट्री प्राइस 22/06/20	क्रेडिट/ डेबिट	क्लोज्ड ऑन 22/07/20	लाभ/ हानि
HDFC BANK	बेचा	1,020	550	52.15	28,682.5	2.80	27,143
ICICI BANK	बेचा	360	1,375	21.30	29,287.5	4.65	22,894
KOTAK BANK	बेचा	1,300	400	70.00	28,000	13.10	22,760
BANKNIFTY	खरीदा	19,500	3X25	800	(60,000)	46.00	(56,550)
					25,970		16,246

अंततः लाभ हुआ।

यह कभी नहीं आया होता, अगर हमने धैर्य के साथ इंतजार नहीं किया होता।

पीछे मुड़कर देखें तो यह मुनाफा महज एक संख्या है। दैनिक उतार-चढ़ाव वाली वास्तविक ट्रेडिंग अवधि के दौरान ऐसा नहीं था। ट्रेड्स के माध्यम से जीना समय के अंतराल के बाद परिणामों को देखने से बहुत अलग है।

अंततः सीरीज में पूरे एक महीने के इंतजार के बाद रणनीति ने लाभ पहुँचाया।

जुलाई 2020 तक 9 में से 7 महीनों में कुछ न करने से हमें एक बार फिर लाभ हुआ।

अब बात अगस्त 2020 सीरीज की।

अगस्त 2020

अगस्त सीरीज के लिए ट्रेड्स 24 जुलाई को शुरू किए गए थे।

स्क्रिप	एक्शन	पुट स्ट्राइक	लॉट साइज	एंट्री प्राइस 24/07/20	क्रेडिट/ डेबिट	क्लोज प्राइस ऑन 24/07/20	लाभ/ हानि
HDFC BANK	बेचा	1,100	550	47.40	26,070	43.70	2,035
ICICI BANK	बेचा	370	1,375	20.15	27,706	19.55	825
AXIS BANK	बेचा	420	1,200	18.80	22,560	18.30	600
BANKNIFTY	खरीदा	21,500	3×25	586.80	(44,010)	569.80	(1,275)
					33,326		2,185

एक बार फिर हमने कोटक बैंक को एक्सिस बैंक से बदल दिया है।

जैसे ही सूचकांक ने दिन के निचले बिंदु से कुछ सुधार किया, सेटअप के दिन हमारे ट्रेड ने अच्छा प्रदर्शन किया और 2,185 रुपए के एम.टी.एम. लाभ के साथ बंद हुआ।

जुलाई 2020 कष्टदायक रहा। हम उम्मीद कर रहे थे कि अगस्त बेहतर साबित होगा!

अगले 5 दिनों के दौरान यह कैसा रहा—

तारीख	क्लोजिंग	लाभ/ हानि	% लाभ/ हानि	लाभ/ हानि (रुपए)
27/07/20	21,848.75	(813.30)	(3.9)	(9,172)
28/07/20	22,105.20	256.45	1.17	(18,668)
29/07/20	22,076.60	(28.60)	(0.13)	(21,214)
30/07/20	21,646.85	(429.75)	(1.95)	(23,654)
31/07/20	21,640.05	(6.80)	(0.03)	(23,019)

हम सीधे एक गहरे गड्ढे में थे।

कारोबार के पहले दिन 2,185 रुपए का लाभ अगले 5 कारोबारी दिनों में 23,019 रुपए के भारी नुकसान में बदल गया।

अब हमें पकड़ना था। और हमें दौड़कर नहीं, बल्कि शांत रहकर और कुछ न करके आगे बढ़ना था।

दुनिया का सबसे आसान काम नहीं¨ !

ट्रेडिंग माहौल में, जहाँ ट्रेडर्स बिजली की गति से अपने ट्रेड्स करते हैं, हमें बस, चुपचाप बैठे रहना था। इसने जुलाई में काम किया था। मुझे उम्मीद थी कि यह अगस्त में भी काम करेगा।

इन 5 दिनों के भीतर एच.डी.एफ.सी. बैंक पुट 1,100 और आई.सी.आई.सी.आई. बैंक पुट 370 आई.टी.एम. विकल्प बन गए थे। आगे गिरावट से और अधिक नुकसान होता। हमें उम्मीद थी कि उनकी गिरावट के साथ बैंकनिफ्टी पुट का भी मूल्य बढ़ना शुरू हो जाएगा। इसे इसी तरह काम करना चाहिए और पिछले सप्ताह यह काम करने में विफल रहा।

अगले 5 दिन—

तारीख	क्लोजिंग	पॉइंट्स लाभ/ हानि	% लाभ/हानि	एम.टी.एम. लाभ/ हानि (रुपए)
03/08/20	21,072.10	(567.90)	(2,062)	(26,410)
04/08/20	21,490.50	418.40	1.99	(12,571)
05/08/20	21,509.95	19.45	0.09	(13,480)
06/08/20	21,642.60	132.65	0.62	(9,005)
07/08/20	21,754.00	111.40	0.51	(12,480)

इस सप्ताह कुछ राहत मिलने वाली है। इंडेक्स पर नजर डालें तो इन 5 सत्रों में यह 21,640.05 से 21,754.00 पर पहुँच गया था।

एच.डी.एफ.सी. बैंक के काफी बेहतर प्रदर्शन से हमारा एम.टी.एम. घाटा कम होकर (–) 12,480 रुपए हो गया।

मेरे एक मित्र ने इसी महीने से इस रणनीति के साथ ट्रेडिंग करना शुरू किया था। उसके पास किसी भी पिछले मुनाफे का सहारा नहीं था। (–) 26,410 पर वह वास्तव में डरा हुआ था और उसने मुझे बहुत बढ़ा-चढ़ाकर बताया कि वह इस रणनीति के बारे में क्या सोचता है!

खैर, नुकसान का असर हम सभी पर पड़ता है।

हम हाल की अच्छी बातों को भूल जाते हैं और वर्तमान की निराशाजनक स्थिति पर ध्यान केंद्रित करते हैं।

जैसा कि हमें अगले सप्ताह पता चला, अगस्त 2020 में इन ट्रेड्स के साथ जीवन आसान नहीं था।

अगले 5 दिन—

तारीख	बैंकनिफ्टी क्लोजिंग	पॉइंट्स लाभ/ हानि	% लाभ/ हानि	एम.टी.एम. लाभ/ हानि (रुपए)
10/08/20	21,900.25	146.25	0.67	(8,613)
11/08/20	22,227.20	326.95	1.49	(1,595)
12/08/20	22,264.00	36.80	0.17	(4,340)
13/08/20	22,196.35	(67.65)	0.30	(6,056)
14/08/20	21,679.40	(516.95)	(2.33)	(11,531)

11 अगस्त को चीजें ठीक दिख रही थीं, जब हमारा एम.टी.एम. घाटा बहुत ही उचित (–) 1,595 रुपए पर आ गया। अगले तीन दिनों ने सारी अच्छी स्थिति को खत्म कर दिया और हम लगभग उसी स्थिति में वापस आ गए, जहाँ हम एक सप्ताह पहले थे।

सूचकांक 21,754 से 21,679.40 पर चला गया था, जो कि एक छोटी सी गिरावट थी। एम.टी.एम. स्थिति भी (–) 12,480 रुपए से (–) 11,531 रुपए तक बहुत कम संख्या में बदल गई थी।

हमें शुक्रवार 21 अगस्त तक ट्रेड बंद करना था, क्योंकि हमारा सामान्य समापन दिन, समाप्ति सप्ताह से पहले शुक्रवार था।

अगले 5 दिन—

तारीख	बैंकनिफ्टी क्लोजिंग	पॉइंट्स लाभ/ हानि	% लाभ/ हानि	एम.टी.एम. लाभ/ हानि
17/08/20	21,700.85	21.45	0.10	(12,426)
18/08/20	22,170.60	469.75	2.16	(2,208)
19/08/20	22,285.90	115.30	0.32	4,545
20/08/20	21,999.45	(286.45)	(1.29)	(270)
21/08/20	22,299.60	300.15	1.36	7,453

जैसे ही बैंकनिफ्टी पिछले शुक्रवार के 21,679.40 से बढ़कर शुक्रवार, 21 अगस्त को 22,299.60 पर पहुँच गया, हमें 7,453 के छोटे लाभ के साथ ट्रेड से बाहर निकलने का मौका मिला।

स्क्रिप	एक्शन	पुट स्ट्राइक	लॉट साइज	एंट्री प्राइस 24/07/20	क्रेडिट/ डेबिट	क्लोज्ड ऑन 21/08/20	लाभ/ हानि
HDFC BANK	बेचा	1,100	550	47.40	26,070	32.00	8,470
ICICI BANK	बेचा	370	1,375	20.15	27,706	6.85	18,288
AXIS BANK	बेचा	420	1,200	18.80	22,560	2.90	19,080
BANKNIFTY	खरीदा	21,500	3×25	586.80	(44,010)	75.00	(38,385)
					33,326		7,453

यह काफी कठिन सीरीज थी। हम अंततः (–) 26,410 रुपए से बचकर 7,453 रुपए के लाभ के साथ उभरे।

वही रणनीति एक और महीने के लिए सही साबित हुई थी।

नवंबर 2019 से शुरू हुई सीरीज में हमने अब 10 महीने पूरे कर लिये हैं, जिनमें से 8 लाभदायक रहे हैं।

जुलाई और अगस्त में मुनाफा कोई घमंड करने लायक नहीं था, लेकिन हम किसी भी मुनाफे से शिकायत नहीं करते, चाहे वह कितना भी छोटा क्यों न हो!

हम अभी भी रणनीति के बारे में किसी नतीजे पर नहीं पहुँचे हैं। इसे एक वर्ष पूरा होने दीजिए और यही समय इसकी प्रभावशीलता का आकलन करने का होगा।

अगले अध्याय में सितंबर और अक्तूबर 2020 तक…

□

7

मुनाफे की तलाश जारी सितंबर और अक्तूबर 2020

नवंबर 2019 से जून 2019 तक 8 महीने की अवधि में इस रणनीति ने 1,94,454 रुपए का लाभ दिया था।

जुलाई 2020 सीरीज में मुनाफा—16,246 रुपए

अगस्त 2020 सीरीज में मुनाफा—7,453 रुपए

10 महीने में कुल मुनाफा—2,18,153 रुपए

बैंकनिफ्टी अभी भी 1 नवंबर के 30,330.55 के स्तर के करीब नहीं था।

जब हमने अगस्त सीरीज के ट्रेड्स बंद किए तो यह 22,299.60 पर था।

गिरते बाजार में ट्रेड्स ने लगातार रिटर्न के साथ अच्छा मुनाफा कमाया था।

हम वही करते रहेंगे, जो अब तक कारगर रहा।

सितंबर 2020

अगस्त सीरीज के ट्रेड्स को बंद करने के बाद सितंबर 2020 सीरीज के लिए ट्रेड्स 21 अगस्त को सेट किए गए थे।

स्क्रिप	एक्शन	पुट स्ट्राइक	लॉट साइज	एंट्री प्राइस 21/08/20	क्रेडिट/ डेबिट	क्लोज प्राइस ऑन 21/08/20	लाभ/ हानि
HDFC BANK	बेचा	1,060	550	35.00	19,250	31.90	1,705
ICICI BANK	बेचा	360	1,375	13.05	17,943	11.40	2,269
KOTAK BANK	बेचा	1,300	400	38.00	15,200	35.55	980
BANKNIFTY	खरीदा	21,500	3×25	432.00	(32,400)	433.25	94
					19,993		5,048

इस बार कोटक बैंक ने इस रणनीति में तीसरे स्टॉक के रूप में एक्सिस बैंक को रिप्लेस कर दिया था।

दिन के अंत में ट्रेड्स 5,048 रुपए के अच्छे एम.टी.एम. मुनाफे पर पहुँच गए थे। अगस्त सीरीज में हमने 7,459 रुपए का फायदा पाने के लिए कई दिनों तक इंतजार किया था। तुलनात्मक रूप से सीरीज की शुरुआत में यह स्थिति अच्छी थी।

हम सीरीज में जल्दी मुनाफा कमा सकते हैं।

सोमवार, 24 अगस्त एक और अच्छा दिन साबित हुआ। बैंकनिफ्टी 533.40 अंक (2.33%) ऊपर 22,833.00 पर बंद हुआ।

इस कदम से एम.टी.एम. का मुनाफा (+) 10,149 रुपए पर पहुँच गया।

चूँकि प्रारंभिक क्रेडिट केवल 19,993 रुपए था, हमारा निकास लक्ष्य लगभग 15,000 रुपए था, जो इस स्तर पर बहुत दूर नहीं दिखता था।

अगले 4 दिन मिले-जुले रहे।

तारीख	बैंकनिफ्टी क्लोजिंग	पॉइंट्स लाभ/ हानि	% लाभ/ हानि	एम.टी.एम. लाभ/ हानि (रुपए)
25/08/20	23,092.15	259.15	1.13	10,678
26/08/20	23,414.20	322.05	1.39	12,133
27/08/20	23,600.35	186.15	0.80	9,681
28/08/20	24,523.80	923.45	3.91	9,750

हम शुक्रवार, 21 अगस्त से 28 अगस्त तक आए थे, हमारी एम.टी.एम.

स्थिति में कोई बड़ा बदलाव नहीं हुआ था, जो 5,048 रुपए से बढ़कर 9,750 रुपए हो गई थी, जबकि बैंकनिफ्टी ने 22,299.60 से 24,523.80 तक 2,000 अंकों से अधिक की बढ़त हासिल की थी।

हम देखते हैं कि शुक्रवार को 923.45 अंक की बढ़त ने हमारे ट्रेड के लिए कुछ नहीं किया। इंडसइंडबीके-12%, फेडरल बैंक-8.11%, एक्सिस बैंक-7.87% (हमने इस बार एक्सिस बैंक को नजरअंदाज कर दिया) के कारण सूचकांक में वृद्धि हुई थी।

हमारे स्टॉक्स इस प्रकार थे—आई.सी.आई.सी.आई. बैंक-4.40%, कोटक बैंक-3.70% और एच.डी.एफ.सी. बैंक-0.48%।

जब पैसा दूसरे दर्जे के शेयरों का पीछा कर रहा है तो यह मेरे लिए एक खतरे की घंटी है, जो निश्चित रूप से मुसीबत का संकेत है।

सोमवार को ट्रेड बंद करने का निर्णय लिया गया, क्योंकि इस बिंदु पर हेज ट्रेड के रूप में बैंकनिफ्टी पुट 21,500 अप्रभावी हो गया था। समापन के बाद संशोधित स्ट्राइक कीमतों के साथ एक नया सेटअप शुरू किया जाना था।

सोमवार की शुरुआत अच्छी रही और हम 31 अगस्त को दिन की शुरुआत में ही अच्छे लाभ के साथ कारोबार बंद कर सके।

स्क्रिप	एक्शन	पुट स्ट्राइक	लॉट साइज	एंट्री प्राइस 21/08/20	क्रेडिट/ डेबिट	क्लोज्ड ऑन 31/08/20	लाभ/ हानि
HDFC BANK	बेचा	1,060	550	35.00	19,250	8.25	14,713
ICICI BANK	बेचा	360	1,375	13.05	17,943	2.00	15,194
KOTAK BANK	बेचा	1,300	400	38.00	15,200	7.35	12,260
BANKNIFTY	खरीदा	21,500	3×25	432.00	(32,400)	70.00	(27,150)
					19,993		15,016

सितंबर 2020 सीरीज ने 15,016 रुपए का मुनाफा दिया था और अब हम इससे आगे देख रहे थे।

उसी दिन ट्रेड्स के दूसरे सेट ले लिये गए और कारोबार की समाप्ति तक हम इस सेट में गँवाने के स्तर तक जा पहुँचे थे।

शुरुआती क्रेडिट 18,365 रुपए का था।

स्क्रिप	एक्शन	पुट स्ट्राइक	लॉट साइज	एंट्री प्राइस 31/08/20	क्रेडिट/ डेबिट	क्लोज प्राइस ऑन 31/08/20	लाभ/ हानि
HDFC BANK	बेचा	1,100	550	22.00	12,100	34.40	(6,620)
ICICI BANK	बेचा	400	1,375	11.40	15,675	19.90	(11,688)
KOTAK BANK	बेचा	1,440	400	46.60	18,640	82.15	(14,220)
BANKNIFTY	खरीदा	23,500	3×25	374.00	(28,050)	770.05	29,704
					18,365		(3,024)

खैर, आप कुछ जीतते हैं तो कुछ हारते भी हैं।

नुकसान छोटा हो तो ठीक है।

31 अगस्त को बैंकनिफ्टी 25,038.80 पर खुला और 25,232.60 के उच्चतम स्तर पर पहुँच गया। वहाँ से दिन के निचले स्तर 23,385.30 पर मुक्त गिरावट हुई। 769.45 अंक (3.14%) नीचे 23,754.35 पर बंद हुआ।

परेशानी के संकेतों के बारे में मेरी चिंताएँ एक ही दिन में सच हो गईं।

यह गिरावट दूसरे सेट के नुकसान का कारण भी बनी।

आइए, देखें कि सप्ताह के बाकी दिनों में क्या हुआ?

अगले 4 दिन—

तारीख	बैंकनिफ्टी क्लोजिंग	पॉइंट्स लाभ/ हानि	% लाभ/ हानि	एम.टी.एम. लाभ/ हानि (रुपए)
01/09/20	23,812.00	57.65	0.24	2,926
02/09/20	23,874.55	62.55	0.26	1,850
03/09/20	23,530.85	(343.85)	1.44	(4,854)
04/09/20	23,011.50	(519.35)	(2.21)	(6,885)

सप्ताह के अंत तक बैंकनिफ्टी गिरकर 23,011.50 पर आ गया। सोमवार का 25,038.80 का उच्च स्तर अचानक बहुत दूर का स्तर था।

मेरा 'रेड रैग सिद्धांत' सच साबित हुआ था। लेकिन बाजार में सिद्धांतों को साबित करने से आपको पैसा नहीं मिलता है। आपके सिद्धांतों पर ट्रेडिंग करना वैसा ही है, जैसे हम इस रणनीति पर ट्रेडिंग कर रहे हैं। हमारे लिए सितंबर सीरीज का दूसरा सेट काफी मुश्किलों भरा रहा।

सोमवार व मंगलवार को और भी छोटी गिरावटें आईं। ट्रेड्स को बंद करने का निर्णय लिया गया, क्योंकि बेचे गए पुट्स में बहुत अधिक पैसा था और अतिरिक्त मार्जिन कॉल की संभावना थी। ऐसे में, मनी ऑप्शंस की गहराई से बाहर निकलना भी मुश्किल हो जाता है, क्योंकि वॉल्यूम काफी कम हो जाता है।

इस बार, हम अपनी सामान्य निकास पद्धति से एक अपवाद की तैयारी कर रहे थे। हम आम तौर पर प्रारंभिक क्रेडिट का 70-75% बुक करने का प्रयास करते हैं या प्रतीक्षा करते रहते हैं। इस बार हम बेचे गए पुट ऑप्शंस में तरलता की कमी से चिंतित थे। इसलिए जल्दी बंद कर दिया।

9 सितंबर, 2020 को सुबह 9.30 बजे के आसपास दूसरा सेट बंद करने पर 3,330 रुपए का मामूली लाभ हुआ।

स्क्रिप	एक्शन	पुट स्ट्राइक	लॉट साइज	एंट्री प्राइस 31/08/20	क्रेडिट/ डेबिट	क्लोज्ड ऑन 09/09/20	लाभ/ हानि
HDFC BANK	बेचा	1,100	550	22.00	12,100	33.15	(6,133)
ICICI BANK	बेचा	400	1,375	11.40	15,675	31.80	(28,050)
KOTAK BANK	बेचा	1,440	400	46.60	18,640	107.00	(24,160)
BANKNIFTY	खरीदा	23,500	3×25	374.00	(28,050)	1,196.30	61,673
					18,365		3,330

हमने अब सितंबर सीरीज में दोबारा अपने ट्रेड्स मुनाफे में क्लोज कर दिए थे।

इसके बाद जल्दी ही सेट-3 की शुरुआत की गई।

स्क्रिप	एक्शन	पुट स्ट्राइक	लॉट साइज	एंट्री प्राइस 09/09/20	क्रेडिट/ डेबिट	क्लोज प्राइस ऑन 09/09/20	लाभ/ हानि
HDFC BANK	बेचा	1,080	550	21.00	11,550	21.70	(385)
ICICI BANK	बेचा	360	1,375	11.10	15,262	10.00	1,513
KOTAK BANK	बेचा	1,300	400	28.20	11,280	29.60	(520)
BANKNIFTY	खरीदा	21,500	3X25	318.00	(23,850)	304.75	(994)
					14,242		(386)

प्राप्त क्रेडिट 14,242 रुपए था और दिन के अंत तक 386 रुपए का एम.टी.एम. नुकसान हुआ।

शुक्रवार, 11 सितंबर को सप्ताह के अंत तक यह एम.टी.एम. घाटा (–) 6,053 रुपए हो गया था और बैंकनिफ्टी 22,479.95 पर था।

अगले सप्ताह भी कोई बड़ा झटका नहीं लगा, क्योंकि बैंकनिफ्टी धीरे-धीरे नीचे गिरता रहा।

अगले 5 दिन—

तारीख	बैंकनिफ्टी क्लोजिंग	पॉइंट्स लाभ/ हानि	% लाभ/ हानि	एम.टी.एम. लाभ/ हानि (रुपए)
14/09/20	22,101.25	(378.70)	(1.68)	(10,131)
15/09/20	22,465.65	364.40	1.65	(6,055)
16/09/20	22,573.55	107.90	0.48	144
17/09/20	22,320.35	(253.30)	(1.12)	(3,900)
18/09/20	22,031.05	(289.30)	(1.30)	(4,884) बंद

सप्ताह की शुरुआत सूचकांक में कुछ गिरावट के साथ हुई, जो अगले दो दिनों में वापस आ गई। गुरुवार और शुक्रवार को फिर से गिरावट का दिन रहा।

सितंबर सीरीज पर परदा डालने के लिए शुक्रवार, 18 सितंबर को ट्रेड्स बंद कर दिए गए।

सेट-3 घाटे के साथ बंद हुआ, जबकि हमने सेट-1 और सेट-2 में मुनाफा-वसूली की थी।

सितंबर में यह था नतीजा—

सेट-1 : 15,016 रुपए

सेट-2 : 3,330 रुपए

सेट-3 : (–) 4,884 रुपए

कुल लाभ—सितंबर 2020 : 13,462 रुपए!

मुनाफा कम था, लेकिन चूँकि बैंकनिफ्टी कहीं नहीं गई थी, इसलिए यह मुनाफा स्वागत योग्य था।

हमारी सरल रणनीति ने 11 में से 9 महीनों में अच्छा मुनाफा दिया था।

इस रणनीति के साथ अक्तूबर सीरीज में कारोबार का एक साल पूरा हो जाएगा। आइए, देखें कि अक्तूबर 2020 में ट्रेड्स का प्रदर्शन कैसा रहा।

अक्तूबर 2020

सितंबर ट्रेड्स के तीसरे सेट में हानि की बुकिंग के बाद अक्तूबर सीरीज के लिए ट्रेड्स सेटअप किए गए।

इस मौके पर हमारी टाइमिंग गलत हो गई, जिसमें पूरी तरह से हमारी गलती नहीं थी, क्योंकि बाजार में हमेशा कुछ अचानक उछाल आ सकता है।

एच.डी.एफ.सी. बैंक पुट बेचा गया था, जबकि अन्य दो सेल ट्रेड्स के लिए ऑर्डर दिए जा रहे थे। सभी बैंकों में अचानक गिरावट आ गई और बैंकनिफ्टी तेजी से नीचे चला गया।

इसलिए बैंकनिफ्टी पुट्स को काफी अधिक कीमत पर खरीदना पड़ा। आई.सी.आई.सी.आई. बैंक और कोटक बैंक ऑप्शंस के लिए बिक्री मूल्य ठीक थे, क्योंकि ये ट्रेड्स अचानक गिरावट के बाद हुए थे।

कभी-कभी ऐसी चीजें होंगी। इन स्थितियों के लिए बहुत कुछ नहीं किया जा सकता। कभी-कभी यह हमारे लाभ के लिए भी काम करेगा।

अक्तूबर सीरीज के लिए किए गए सौदे—

स्क्रिप	एक्शन	पुट स्ट्राइक	लॉट साइज	एंट्री प्राइस 18/09/20	क्रेडिट/ डेबिट	क्लोज प्राइस ऑन 18/09/20	लाभ/ हानि
HDFC BANK	बेचा	1,040	550	32.30	17,765	40.60	(4,565)
ICICI BANK	बेचा	360	1,375	15.20	20,900	16.60	(1,925)
KOTAK BANK	बेचा	1,260	400	59.95	23,980	59.15	320
BANKNIFTY	खरीदा	21,000	325	546.40	(40,980)	529.25	(1,286)
					21,665		(7,456)

हमें 21,665 रुपए का क्रेडिट मिला, जो कि और भी अधिक हो सकता था। उस पर पछताने का कोई मतलब नहीं था। मुनाफे का इंतजार शुरू हुआ; हालाँकि, पहला दिन ही घाटे का दिन था।

18 सितंबर, 2020 को अक्तूबर सीरीज के ट्रेड्स के लिए एम.टी.एम. घाटा (-) 7,456 रुपए था और बैंकनिफ्टी 22,031.05 पर बंद हुआ।

नई सीरीज की खराब शुरुआत के बाद अगला सप्ताह अच्छा रहा।

अगले 4 दिन—

तारीख	बैंकनिफ्टी क्लोजिंग	पॉइंट्स लाभ/ हानि	% लाभ/ हानि	एम.टी.एम. लाभ/ हानि (रुपए)
21/09/20	21,366.80	(664.25)	(3.02)	(2,282)
22/09/20	21,139.10	(227.70)	(1.07)	6,113
23/09/20	21,178.50	39.40	0.19	10,238
24/09/20	20,456.85	(721.65)	(3.41)	14,818 (बंद)

महज 4 दिनों में 1,500 से ज्यादा अंक टूटने से बैंकनिफ्टी 22,031.05 से घटकर 20,456.85 पर आ गया था।

हालाँकि, हमारी एम.टी.एम. स्थिति इस स्तर तक सुधर गई थी कि हम बाहर निकलने के बारे में सोच सकते थे।

दिन के अंत में 14,818 रुपए के लाभ के साथ कारोबार बंद हुआ।

स्क्रिप	एक्शन	पुट स्ट्राइक	लॉट साइज	एंट्री प्राइस 18/09/20	क्रेडिट/ डेबिट	क्लोज्ड ऑन 24/09/20	लाभ/ हानि
HDFC BANK	बेचा	1,040	550	32.30	17,765	46.80	(7,975)
ICICI BANK	बेचा	360	1,375	15.20	20,900	32.50	(23,788)
KOTAK BANK	बेचा	1,260	400	59.95	23,980	62.30	(940)
BANKNIFTY	खरीदा	21,000	3×25	547.00	(40,980)	1,180.00	47,520
					21,665		14,818

अक्तूबर का महीना अभी शुरू नहीं हुआ था, लेकिन हमने पहले ही अक्तूबर सीरीज के लिए प्रॉफिट बुक कर लिया था।

मेरे कुछ ब्लॉग पाठकों ने पहले के महीनों में टिप्पणी की थी कि यह रणनीति तेजी वाले बाजार में ठीक काम करती है। लेकिन मैं इससे सहमत नहीं था। मेरा कहना यह था कि हमें शीर्ष 3 शेयरों के बेहतर प्रदर्शन की जरूरत है और यह रणनीति गिरते बाजार में भी पैसा बना सकती है।

यह सप्ताह उस सिद्धांत का प्रमाण था।

स्क्रिप	एक्शन	पुट स्ट्राइक	लॉट साइज	एंट्री प्राइस 25/09/20	क्रेडिट/ डेबिट	क्लोजिंग प्राइस 25/09/20	लाभ/ हानि
HDFC BANK	बेचा	1,000	550	26.50	14,575	20.65	3,218
ICICI BANK	बेचा	330	1,375	13.30	18,287	8.25	6,944
KOTAK BANK	बेचा	1,200	400	36.00	14,400	27.80	3,280
BANKNIFTY	खरीदा	19,500	3×25	469.40	(35,205)	304.40	(12,375)
					12,057		1,066

शुरुआती क्रेडिट 12,057 रुपए पर ज्यादा नहीं था।

यदि गुरुवार, 24 सितंबर को सबकुछ विनाशकारी और निराशाजनक था तो ऐसे सभी विचार शुक्रवार, 25 सितंबर को दूर हो गए।

इस दिन बैंकनिफ्टी 525.50 अंक बढ़कर 20,982.35 पर वापस आ गया।

इस रणनीति के लिए एक दिन नीचे और दूसरे दिन ऊपर की चालें अच्छी तरह से काम करती हैं। केवल हमें नहीं पता था कि स्टोर में क्या है?

अगले 5 दिन—

तारीख	बैंकनिफ्टी क्लोजिंग	पॉइंट्स लाभ/ हानि	% लाभ/ हानि	एम.टी.एम. लाभ/ हानि (रुपए)
28/09/20	21,665.50	683.50	3.26	2,404
29/09/20	21,411.30	(254.20)	(1.17)	3,359
30/09/20	21,451.80	40.50	0.19	3,453
01/10/20	22,246.00	749.20	3.70	6,704
02/10/20	अवकाश			

यदि पिछला सप्ताह बहुत निराशाजनक था तो यह सप्ताह बहुत सकारात्मक साबित हुआ।

दो दिनों में काफी बढ़त हुई, जिससे हमारी एम.टी.एम. स्थिति सुधरकर 6,704 रुपए हो गई।

चूँकि प्राप्त क्रेडिट लगभग 12,057 रुपए था, हम अगले सप्ताह के दौरान 8,400–8,500 के निकास लक्ष्य की ओर देख रहे थे।

सेट-2 में ट्रेड्स सोमवार, 5 अक्तूबर को बंद थे।

स्क्रिप	एक्शन	पुट स्ट्राइक	लॉट साइज	एंट्री प्राइस 25/09/20	क्रेडिट/ डेबिट	क्लोज्ड ऑन 05/10/20	लाभ/ हानि
HDFC BANK	बेचा	1,000	550	26.50	14,575	3.80	12,485
ICICI BANK	बेचा	330	1,375	13.30	18,287	1.90	15,675
KOTAK BANK	बेचा	1,200	400	36.00	14,400	9.20	10,720
BANKNIFTY	खरीदा	19,500	3×25	469.40	(35,205)	54.80	(31,095)
					12,057		7,785

8,500 रुपए की बुकिंग का प्रयास किया गया था, लेकिन ट्रेड बंद करते समय उतार-चढ़ाव के कारण हमें इस सेट से 7,785 रुपए के लाभ से संतोष करना पड़ा।

अक्तूबर सीरीज अब तक अच्छी रही है, क्योंकि हमने मुनाफे के दो सेट बुक कर लिये थे।

इसके तुरंत बाद ट्रेड्स का एक नया सेट शुरू किया गया—

स्क्रिप	एक्शन	पुट स्ट्राइक	लॉट साइज	एंट्री प्राइस 05/10/20	क्रेडिट/ डेबिट	क्लोज्ड ऑन 05/10/20	लाभ/ हानि
HDFC BANK	बेचा	1,100	550	24.80	13,640	25.40	(330)
ICICI BANK	बेचा	360	1,375	7.00	9,625	7.35	(481)
KOTAK BANK	बेचा	1,300	400	34.00	13,600	35.10	(440)
BANKNIFTY	खरीदा	21,500	3×25	331.00	(24,825)	336.85	439
					12,040		(812)

सेट-3 ने 12,040 रुपए का प्रारंभिक क्रेडिट दिया।

दिन के अंत में यह सेट 812 रुपए के छोटे नुकसान में चला गया था। इस दिन बैंकनिफ्टी 22,370.95 पर बंद हुआ था।

बाकी 4 दिन हमारे लिए सपाट रहे, कोई बड़ा मुनाफा नहीं हुआ। हालाँकि, बैंकनिफ्टी काफी ऊपर चला गया।

तारीख	बैंकनिफ्टी क्लोजिंग	पॉइंट्स लाभ/ हानि	% लाभ/ हानि	एम.टी.एम. लाभ/ हानि (रुपए)
06/10/20	22,853.70	482.75	2.16	2,053
07/10/20	22,964.80	111.10	0.49	1,909
08/10/20	23,191.35	226.55	0.99	1,414
09/10/20	23,846.80	655.45	2.83	271

बैंकनिफ्टी सभी चार दिनों में ऊँचा रहा। 9 अक्तूबर को 'मौद्रिक नीति दिवस' एक बड़ी निराशा थी, जब बैंकनिफ्टी ऊपर चला गया; लेकिन हमारे शेयरों ने रैली में भाग नहीं लिया।

खैर, पहले सेट में गिरावट के दौरान हमने फायदा उठाया था। इस बार ऊपर की चाल ने हमें कुछ नहीं दिया। बाजार संतुलन का काम बहुत अच्छे से करता है।

और हम अगले पूरे सप्ताह तक ट्रेड्स में लगे रहे।

अगले 5 दिन—

तारीख	बैंकनिफ्टी क्लोजिंग	पॉइंट्स लाभ/ हानि	% लाभ/ हानि	एम.टी.एम. लाभ/ हानि (रुपए)
12/10/20	23,712.80	(134.00)	(0.56)	(1,950)
13/10/20	23,492.20	(220.60)	(0.93)	2,956
14/10/20	23,874.65	382.45	1.63	4,186
15/10/20	23,072.40	(802.25)	(3.36)	(798)
16/10/20	23,533.25	460.85	2.00	3,783

इस सप्ताह में, पहले दो दिनों के बैंकनिफ्टी नुकसान की भरपाई तीसरे दिन की गई; लेकिन गुरुवार की बड़ी गिरावट की भरपाई शुक्रवार की बढ़त से नहीं हो सकी।

इन 5 दिनों में इंडेक्स करीब 313 अंक टूट गया।

पिछले सप्ताह सूचकांक में बड़ी बढ़त का हमें कोई खास फायदा नहीं मिला।

इस बार हमारी एम.टी.एम. स्थिति बेहतर हो गई, जबकि सूचकांक नीचे चला गया।

खैर, बाजार द्वारा वह संतुलनकारी कार्य फिर से⋯

सोमवार, 19 अक्तूबर को बैंकनिफ्टी में 733.50 अंक की बढ़त के साथ हमारी एम.टी.एम. स्थिति सुधरकर 8,129 रुपए हो गई।

ट्रेड्स को बंद करने का निर्णय लिया गया, क्योंकि हम अपने निकास लक्ष्य के करीब पहुँच रहे थे।

अगले दिन, यानी 20 अक्तूबर को कारोबार बंद कर दिया गया।

स्क्रिप	एक्शन	पुट स्ट्राइक	लॉट साइज	एंट्री प्राइस 05/10/20	क्रेडिट/ डेबिट	क्लोज्ड ऑन 05/10/20	लाभ/ हानि
HDFC BANK	बेचा	1,100	550	24.80	13,640	1.80	12,650
ICICI BANK	बेचा	360	1,375	7.00	9,625	0.90	8,388
KOTAK BANK	बेचा	1,300	400	34.00	13,600	8.40	10,240
BANKNIFTY	खरीदा	21,500	3×25	331.00	(24,825)	29.00	(22,650)
					12,040		8,628

8,628 रुपए का मुनाफा बुक किया जा सकता है।

अक्तूबर 2020 सीरीज में मुनाफा—

सेट-1 : 14,818 रुपए

सेट-2 : 7,785 रुपए

सेट-3 : 8,628 रुपए

अक्तूबर 2020 में कुल मुनाफा—31,231 रुपए।

रिकॉर्ड के लिए, 20 अक्तूबर को बैंकनिफ्टी केवल 0.19% या 45.05 अंक की बढ़त के साथ 24,311.80 पर बंद हुआ था।

आइए, अगले अध्याय में इसी रणनीति के साथ एक वर्ष की समीक्षा पर आगे बढ़ें।

□

8

बैंक में पैसा—एक साल के प्रदर्शन की समीक्षा

हमने अक्तूबर 2020 सीरीज को 20 अक्तूबर को बंद कर दिया था। शुरुआत 1 नवंबर, 2019 को हुई थी।

आइए, इसे 12 महीने की अवधि मानें, क्योंकि हमने अक्तूबर सीरीज में कोई और ट्रेड नहीं किया है।

पिछले 12 महीनों के नतीजों पर एक नजर—

महीना	लाभ/हानि (रुपए)
नवंबर 2019	8,382
दिसंबर 2019	43,337
जनवरी 2020	28,477
फरवरी 2020	28,113
मार्च 2020	(11,177)
अप्रैल 2020	70,192
मई 2020	(7,667)
जून 2020	34,777

जुलाई 2020	16,246
अगस्त 2020	7,453
सितंबर 2020	13,452
अक्तूबर 2020	31,231
कुल 12 महीने	2,62,836

अपने ब्लॉग पर सीरीज शुरू करते समय मैंने इसका नाम रखा था—'मनी इन द बैंक'।

एक साल बाद रणनीति अपने नाम के अनुरूप रही। हमने अच्छा मुनाफा बुक किया था। वास्तव में 'पैसा बैंक में' आ गया था।

इस सब के दौरान बैंकनिफ्टी 1 नवंबर को देखे गए स्तर के आसपास भी नहीं था।

1 नवंबर, 2019 से 20 अक्तूबर, 2020 तक बैंकनिफ्टी 30,330.55 से 24,311.80 पर पहुँच गया था।

इंडेक्स में 6,021.30 अंक, यानी 19.85% की गिरावट आई थी।

बैंकनिफ्टी इंडेक्स में निवेश करने वाले किसी भी व्यक्ति को 19.85% का नुकसान हुआ होगा।

हमने 4,50,000 रुपए की पूँजी के साथ शुरुआत की थी। आइए, इसे 5,00,000 रुपए मानते हैं।

2,62,836 रुपए का लाभ कुल पूँजी का 52.56% बैठता है।

रणनीति 12 में से 10 महीनों में सफल रही; हालाँकि, राह में हमने कुछ कठिनाइयाँ भी देखीं।

हम जानते हैं कि रणनीति ने बैंकनिफ्टी सूचकांक की तुलना में अच्छा प्रदर्शन किया। लेकिन, अगर हम इसकी तुलना उसी अवधि के दौरान व्यक्तिगत बैंकिंग शेयरों से करें तो इसका प्रदर्शन कैसा रहेगा?

लोग बैंकिंग शेयरों में निवेश करते हैं। सवाल यह था—क्या हमारा रिटर्न शीर्ष 3 बैंकों में निवेशकों द्वारा प्राप्त रिटर्न के बराबर था?

हम 4 बैंकों से तुलना करेंगे, क्योंकि कुछ सीरीज में हमने एक्सिस बैंक पुट्स भी बेचा था।

स्क्रिप	स्टॉक प्राइस 1 नवंबर, 2020	स्टॉक प्राइस 20 अक्तूबर, 2020	लाभ/ हानि	% लाभ/ हानि
HDFC BANK	1,240.05	1,223.95	(16.10)	(01.29)
ICICI BANK	462.25	414.60	(47.65)	(10.30)
KOTAK BANK	1,575.90	1,368.80	(211.35)	(13.36)
AXIS BANK	748.30	493.95	(254.35)	(33.99)
BANKNIFTY	30,330.55	24,311.80	(6,018.75)	(19.84)
MIB (Amount)	5,00,000	7,62,836	2,62,836	52.56

संख्याओं से यह स्पष्ट है कि किसी भी बैंकिंग स्टॉक (या उनमें से सभी चार) में निवेश करने से इन 12 महीनों में कोई पैसा नहीं बना होगा।

फिर भी, हमारी रणनीति ने बहुत अच्छा प्रदर्शन किया।

इसकी वजह तीन प्रमुख शेयरों का बेहतर प्रदर्शन था।

इन सभी को बैंकनिफ्टी इंडेक्स से कम नुकसान हुआ।

रणनीति ने सूचकांक के साथ-साथ व्यक्तिगत शेयरों की तुलना में बेहतर प्रदर्शन किया।

हम और अधिक की अपेक्षा नहीं कर सकते थे।

12 महीने के प्रदर्शन के आधार पर निष्कर्ष

रणनीति एक सरल सिद्धांत पर आधारित है—शेयरों का अच्छा पोर्टफोलियो ज्यादातर समय सूचकांक से बेहतर प्रदर्शन करता है।

इसे स्थापित करना आसान है।

स्थापना के बाद हमें लाभ की प्रतीक्षा करने के अलावा कुछ भी करने की आवश्यकता नहीं है।

हमेशा की तरह केवल दो परिणाम संभव हैं; संतुलन लाभदायक परिणामों की ओर झुका हुआ है।

गिरते बाजार में भी रणनीति से पैसा कमाया जा सकता है, जैसा कि पिछले एक साल में हुआ।

खैर, छाती पीटने का समय समाप्त हो गया है।

आइए, देखें कि इस रणनीति पर आधारित ट्रेड्स ने अगले एक साल में कैसा प्रदर्शन किया, जब बाजार में सुधार हुआ और नई ऊँचाइयाँ बनीं।

अगले अध्याय में नवंबर और दिसंबर 2020 तक⋯

□

9

आगे बाजार में उछाल–नवंबर और दिसंबर 2020

हमने नवंबर सीरीज में पूरे आत्मविश्वास के साथ प्रवेश किया था और साल भर की ट्रेडिंग को अपनी इस रणनीति के जरिए उल्लेखनीय सफलता के साथ पूरा किया।

कभी–कभी ट्रेड्स को कठिन हालात से भी गुजरना पड़ा, लेकिन अंतत: उन्होंने लाभ अर्जित किया।

स्क्रिप	एक्शन	पुट स्ट्राइक	लॉट साइज	एंट्री प्राइस 21/10/20	क्रेडिट/डेबिट	क्लोज प्राइस 20/10/20	लाभ/हानि
HDFC BANK	बेचा	1,200	550	35.00	19,250	33.55	798
ICICI BANK	बेचा	410	1,375	17.60	24,200	18.15	(756)
KOTAK BANK	बेचा	1,300	400	32.00	12,800	30.25	700
BANKNIFTY	खरीदा	21,500	3×25	370.00	(27,750)	366.65	(251)
					28,500		490

प्रारंभिक क्रेडिट 28,500 रुपए था और दिन के अंत में हमारी एम.टी.एम. स्थिति (+) 490 रुपए थी।

इस रणनीति के साथ ट्रेडिंग के दूसरे वर्ष की यात्रा इस पहले कदम के साथ शुरू हुई थी।

अब हमें पता चला है कि इस यात्रा में ट्रेड्स ने लाभ का रास्ता कैसे खोजा!

अगले दो दिनों में बैंकनिफ्टी थोड़ा नीचे चला गया। शुक्रवार, 23 अक्तूबर को सूचकांक 24,478.30 पर था।

उस दिन हमारा एम.टी.एम. 1,303 रुपए था। सीरीज ने एक शांत शुरुआत की।

कुछ समायोजन

पिछले अध्याय में मैंने कहा है कि 'एडजस्टमेंट ट्रेड' नाम की कोई चीज नहीं है। यह नुकसान स्वीकार करने की हमारी अनिच्छा है और हम इसे 'समायोजन' का नाम देते हैं।

इस बार हमें ऐसे ट्रेड की जरूरत थी, चाहे उसे किसी भी नाम से पुकारें। वास्तव में, ऐसा करते समय हमने घाटा दर्ज कर लिया।

27 अक्तूबर को कोटक बैंक की चाल (11.70% ऊपर) के कारण बैंकनिफ्टी को 694.05 अंक (2.88%) का बड़ा लाभ हुआ।

इस कदम के बाद कोटक बैंक पुट से लाभ के लिए बहुत कुछ नहीं बचा था; लेकिन हमें अन्य 2 शेयरों में इंतजार करने की जरूरत थी।

और, हमें ट्रेड्स के साथ बने रहने की जरूरत थी।

कोटक बैंक की स्ट्राइक को और ऊपर ले जाने तथा बैंकनिफ्टी की स्ट्राइक को भी 500 अंक ऊपर ले जाने का निर्णय लिया गया।

28 अक्तूबर को बाजार ने पिछले दिन की बढ़त वापस देने का फैसला किया और बैंकनिफ्टी 537.00 अंक (2.17%) गिरकर 24,232.50 पर बंद हुआ।

21 अक्तूबर को लिये गए सौदे बंद कर दिए गए।

स्क्रिप	एक्शन	पुट स्ट्राइक	लॉट साइज	एंट्री प्राइस 21/10/20	क्रेडिट/ डेबिट	क्लोज प्राइस 28/10/20	लाभ/ हानि
HDFC BANK	बेचा	1,200	550	35.00	19,250	41.20	(3,410)
ICICI BANK	बेचा	410	1,375	17.60	24,200	28.90	(15,538)
KOTAK BANK	बेचा	1,300	400	32.00	12,800	9.25	9,100
BANKNIFTY	खरीदा	21,500	3×25	370.00	(27,750)	306.00	(4,800)
					28,500		(14,648)

और, उनको सेट-2 से बदल दिया गया।

स्क्रिप	एक्शन	पुट स्ट्राइक	लॉट साइज	एंट्री प्राइस 28/10/20	क्रेडिट/ डेबिट	क्लोज प्राइस 28/10/20	लाभ/ हानि
HDFC BANK	बेचा	1,200	550	41.20	22,600	41.20	0
ICICI BANK	बेचा	410	1,375	28.90	39,739	28.90	0
KOTAK BANK	बेचा	1,500	400	48.40	19,360	47.70	280
BANKNIFTY	खरीदा	23,000	3×25	416.00	(31,200)	548.55	9,941
					50,557		10,221

एच.डी.एफ.सी. बैंक और आई.सी.आई.सी.आई. बैंक के कारोबार में कोई बदलाव नहीं हुआ। केवल उन्हें नई कीमतों पर बेचा गया माना जाता था, क्योंकि उस समय तक हुए नुकसान का हिसाब ट्रेड्स के पहले सेट में किया जा चुका था।

कोटक बैंक के पुट को पहले 1,300 की बजाय 1,500 के स्ट्राइक पर बेचा। इससे हमें अधिक प्रीमियम मिला।

इसमें से कुछ का भुगतान बैंकनिफ्टी पुट 23,000 की संशोधित स्ट्राइक के लिए उच्च प्रीमियम का भुगतान करने में किया गया था। इससे पहले हमने पुट 2,500 लगाया था।

अतिरिक्त क्रेडिट प्राप्त करते समय हमने 14,648 रुपए का घाटा दर्ज किया। दिन के अंत में सेट-2 पर 10,221 रुपए का मुनाफा हो रहा था।

यह कहा जा सकता है कि एम.टी.एम. घाटा (-) 4,427 रुपए था, जो संभवत: इन समायोजनों के बिना हुआ होता।

हम कुछ दिन छोड़ते हैं और 2 नवंबर की ओर बढ़ते हैं, जब बैंकनिफ्टी 991.60 अंक (4.15%) की बड़ी बढ़त के साथ 24,892.50 पर बंद हुआ था।

इस कदम से सेट-2 को और बढ़त हासिल करने में मदद मिली—

स्क्रिप	एक्शन	पुट स्ट्राइक	लॉट साइज	एंट्री प्राइस 28/10/20	क्रेडिट/ डेबिट	क्लोज प्राइस 02/11/20	लाभ/ हानि
HDFC BANK	बेचा	1,200	550	41.20	22,600	34.85	3,493
ICICI BANK	बेचा	410	1,375	28.90	39,737	15.20	18,838
KOTAK BANK	बेचा	1,500	400	48.40	19,360	34.25	5,660
BANKNIFTY	खरीदा	23,000	3×25	416.00	(31,200)	365.80	(3,765)
					50,557		24,225

अब यह बेहतर लग रहा था। एच.डी.एफ.सी. बैंक और आई.सी.आई.सी.आई. बैंक के बेचे गए पुट्स, जो पहले घाटे में थे, वापस मुनाफे में आ रहे थे।

यदि हमने दोनों सेटों को मिला दिया तो कुछ लाभ देखने को मिला।

ट्रेड्स के साथ इंतजार जारी रहा।

अगले तीन दिन बैंकनिफ्टी के लिए काफी अच्छे रहे, क्योंकि यह 3 नवंबर को 790.30 अंक, 4 नवंबर को 88.80 अंक और 5 नवंबर को 541.50 अंक बढ़कर 26,313.10 पर पहुँच गया।

बैंकनिफ्टी में 26,000 का स्तर देखे हुए काफी समय हो गया है।

तीन दिनों में इन कदमों ने हमारे ट्रेड्स को ऐसी स्थिति में ला दिया, जहाँ से बाहर निकला जा सकता था और कुछ मुनाफा बुक किया जा सकता था।

यह 5 नवंबर को किया गया था।

स्क्रिप	एक्शन	पुट स्ट्राइक	लॉट साइज	एंट्री प्राइस 28/10/20	क्रेडिट/ डेबिट	क्लोज प्राइस 05/11/20	लाभ/ हानि
HDFC BANK	बेचा	1,200	550	41.20	22,660	12.15	15,978
ICICI BANK	बेचा	410	1,375	28.90	39,737	6.20	31,213
KOTAK BANK	बेचा	1,500	400	48.40	19,360	12.80	14,240
BANKNIFTY	खरीदा	23,000	3×25	416.00	(31,200)	78.00	(25,350)
					50,557		36,080

सेट–2 में मुनाफा : 36,080 रुपए

सेट–1 में घाटा : 14,648 रुपए

नवंबर 2020 सीरीज में मुनाफा : 21,432 रुपए

दूसरे सेट की क्लोजिंग के बाद तीसरे सेट के लिए ट्रेड्स लगाए गए।

स्क्रिप	एक्शन	पुट स्ट्राइक	लॉट साइज	एंट्री प्राइस 05/11/20	क्रेडिट/ डेबिट	क्लोज प्राइस 05/11/20	लाभ/ हानि
HDFC BANK	बेचा	1,240	550	22.25	12,237	22.40	(82)
ICICI BANK	बेचा	430	1,375	12.00	16,500	11.90	138

KOTAK BANK	बेचा	1,640	400	46.60	18,640	43.50	1,240
BANKNIFTY	खरीदा	25,000	3×25	334.00	(25,025)	318.65	(1,151)
					22,327		144

आरंभिक क्रेडिट 22,327 रुपए प्राप्त हुआ। दिन के अंत में 144 रुपए का मामूली लाभ हुआ।

नवंबर सीरीज की समाप्ति 26 नवंबर को निर्धारित की गई थी। अगर हमारे लिए चीजें गलत हुईं तो हमारे पास एक और लाभ या हानि हासिल करने के लिए पर्याप्त समय था।

ऐसा प्रतीत हुआ कि इस समय के आसपास बाजार ने स्टेरॉयड ले लिया हो! अगले सप्ताह में काफी वृद्धि हुई।

अगले 6 दिन—

तारीख	बैंकनिफ्टी क्लोजिंग	पॉइंट्स लाभ/ हानि	% लाभ/ हानि	एम.टी.एम. लाभ/ हानि (रुपए)
06/11/20	26,798.95	485.85	1.85	5,986
09/11/20	27,534.10	735.15	2.74	10,783
10/11/20	28,606.00	1,071.90	3.89	13,708
11/11/20	28,845.00	239.00	0.84	15,339
12/11/20	28,278.80	(566.20)	(1.96)	14,056
13/11/20	28,465.70	186.90	0.66	15,506 (बंद)

शुक्रवार 13 नवंबर को ट्रेड्स बंद कर दिए गए और 15,506 रुपए का मुनाफा बुक किया गया।

स्क्रिप	एक्शन	पुट स्ट्राइक	लॉट साइज	एंट्री प्राइस 05/11/20	क्रेडिट/ डेबिट	क्लोज प्राइस 13/11/20	लाभ/ हानि
HDFC BANK	बेचा	1,240	550	22.25	12,237	3.65	10,230
ICICI BANK	बेचा	430	1,375	12.00	16,500	1.85	13,956
KOTAK BANK	बेचा	1,640	400	46.60	18,640	10.70	14,360
BANKNIFTY	खरीदा	25,000	3×25	334.00	(25,050)	26.80	(23,040)
					22,327		15,506

नवंबर 2020 सीरीज का अब तक का हाल—

सेट-1—(-) 14,648 रुपए

सेट-2—36,080 रुपए

सेट-3—36,938 रुपए

कुल—36,938 रुपए

बाजार और मजबूत हो रहा था; साथ ही, हमारा मुनाफा भी बड़ा हो रहा था।

अगले दिन दिवाली थी और शनिवार को एक घंटे का खास सत्र होना था।

सेट-3 में मुनाफा बुकिंग के बाद सेट-4 के लिए ट्रेड्स लगाए गए। यह सेट कुछ इस तरह दिखता था—

स्क्रिप	एक्शन	पुट स्ट्राइक	लॉट साइज	एंट्री प्राइस 13/11/20	क्रेडिट/ डेबिट	क्लोज प्राइस 13/11/20	लाभ/ हानि
HDFC BANK	बेचा	1,320	550	12.90	7,095	13.05	(83)
ICICI BANK	बेचा	470	1,375	8.20	11,275	7.55	894
KOTAK BANK	बेचा	1,700	400	21.15	8,460	21.75	(240)
BANKNIFTY	खरीदा	27,000	3×25	165.00	(12,375)	165.25	19
					14,455		590

प्रारंभिक क्रेडिट 14,455 रुपए था।

दिवाली का उत्साह अगले सप्ताह भी जारी रहा और 18 नवंबर, 2011 को बैंकनिफ्टी 29,749.85 के सम्मानजनक स्तर पर बंद हुआ। यह अब 30,330.55 के ऐतिहासिक लक्ष्य के करीब था, जब हमने 1 नवंबर, 2019 को इस रणनीति के साथ ट्रेड करना शुरू किया था।

इस दिन हमारा एम.टी.एम. 9,433 रुपए था और अगले दिन ट्रेड बंद करने का निर्णय लिया गया।

19 नवंबर, 2020 को बैंकनिफ्टी नीचे चला गया और अंततः दिन के लिए 846.05 अंक खोकर 28,903.05 पर बंद हुआ।

हमने 7,706 रुपए के मुनाफे के साथ ट्रेड बंद किया—

स्क्रिप	एक्शन	पुट स्ट्राइक	लॉट साइज	एंट्री प्राइस 13/11/20	क्रेडिट/ डेबिट	क्लोज प्राइस 19/11/20	लाभ/ हानि
HDFC BANK	बेचा	1,320	550	12.90	7,095	3.05	5,170
ICICI BANK	बेचा	470	1,375	8.20	11,275	3.85	5,981
KOTAK BANK	बेचा	1,700	400	21.15	8,460	5.20	6,380
BANKNIFTY	खरीदा	27,000	3×25	165.00	(12,375)	34.00	(9,825)
					14,455		7,706

इसके साथ ही नवंबर 2020 की सीरीज खत्म हो गई।

हमने सीरीज में चार बार ट्रेड्स बंद किए थे। पहले सेट में नुकसान दर्ज किया था और फिर अन्य तीन सेटों से लाभ कमाया था।

सेट-3 तक मुनाफा—36,938 रुपए

प्रॉफिट सेट-4—7,706 रुपए

नवंबर 2020 सीरीज के लिए कुल—44,544 रुपए

वर्ष-2 में यात्रा की शुरुआत जोर-शोर से हुई थी।

इस बार बाजार की तेजी से मुनाफा हुआ है, इस बात में कोई संदेह नहीं था।

दिसंबर में बाजार के ऊँचे स्तर पर जाने की उम्मीदें काफी अधिक थीं और निफ्टी उस महीने के सार्वकालिक उच्चतम स्तर पर पहुँच गया।

अब हम दिसंबर 2020 सीरीज पर चर्चा करने के लिए आगे बढ़ते हैं।

दिसंबर 2020

नवंबर सीरीज हमारे लिए खूबसूरती से समाप्त हो गई थी। दिसंबर सीरीज के लिए सौदे शुक्रवार, 20 नवंबर को करने का निर्णय लिया गया।

इस प्रकार ट्रेड्स सेट किए गए—

स्क्रिप	एक्शन	पुट स्ट्राइक	लॉट साइज	एंट्री प्राइस 20/11/20	क्रेडिट/ डेबिट	क्लोज प्राइस 20/11/20	लाभ/ हानि
HDFC BANK	बेचा	1,300	550	23.60	12,980	19.95	2,008
ICICI BANK	बेचा	460	1,375	16.00	22,000	16.00	0
KOTAK BANK	बेचा	1,800	400	69.00	27,600	58.20	4,320
BANKNIFTY	खरीदा	27,000	3×25	480	(36,000)	408.95	(5,329)
					26,580		999

शुरुआती क्रेडिट 26,580 रुपए था।

दिन में बैंकनिफ्टी 'लाल निशान' पर पहुँच गया था, लेकिन वहाँ से वापसी करते हुए एक बेहतर मुनाफे पर बंद हुआ। यह एक बार फिर 29,000 से ऊपर, यानी 29,236.00 अंकों पर पहुँच गया था।

ट्रेड्स लिये गए। हमें बस, केवल मुनाफे का इंतजार करना था।

अगले 5 दिन—

तारीख	बैंकनिफ्टी क्लोजिंग	पॉइंट्स लाभ/ हानि	% लाभ/ हानि	एम.टी.एम. लाभ/ हानि (रुपए)
23/11/20	29,024.20	(211.20)	(0.72)	(713)
24/11/20	29,737.25	713.05	2.46	5,408
25/11/20	29,196.40	(540.85)	(1.82)	3,208
26/11/20	29,549.75	353.85	1.21	6,141
27/11/20	29,609.05	59.30	0.20	5,689

सप्ताह के अंत तक निफ्टी थोड़ा और ऊपर चला गया तथा हमारी एम.टी.एम. पोजीशन थोड़े और सुधार के साथ 5,689 रुपए पर जा पहुँची।

अगले सप्ताह में सोमवार के दिन छुट्टी की वजह से बाजार बंद रहा।

अगले 4 दिन—

तारीख	बैंकनिफ्टी क्लोजिंग	पॉइंट्स लाभ/ हानि	% लाभ/ हानि	एम.टी.एम. लाभ/ हानि (रुपए)
01/12/20	29,817.85	208.80	0.71	6,549
02/12/20	29,463.15	(354.70)	(1.19)	(2,716)
03/12/20	29,448.75	(14.40)	(0.09)	(5,038)
04/12/20	30,052.40	603.65	2.03	3,756

2 दिसंबर को मुझे अपने ब्लॉग के एक पाठक से एक संदेश प्राप्त हुआ। एक दिन पहले अच्छे लाभ में रहने के बाद दिन के दौरान उनके ट्रेड्स में हानि दिखाई दे रही थी। हम एक ही नाव में थे। फर्क सिर्फ इतना है कि हमारे लिए यह पहली बार नहीं था। मैंने उससे कहा कि कुछ मत करो और केवल ट्रेडिंग के लिए इंतजार करो।

उनके लिए अच्छा रहा और मेरे लिए भी यह अच्छा रहा कि शुक्रवार, 4 दिसंबर तक ट्रेड्स में मामूली एम.टी.एम. लाभ दिखा।

उसी दिन, 4 दिसंबर, 2020 को भारतीय शेयर बाजार का बेंचमार्क इंडेक्स निफ्टी ने 13,280.05 पर एक नया सार्वकालिक उच्च स्तर बनाया। बैंकनिफ्टी भी 30,000 के पार पहुँच गया था।

हम अब दो सप्ताह से ट्रेड में थे, लेकिन हम प्रारंभिक पूँजी के 75% के निकास लक्ष्य के आसपास भी नहीं थे। हम केवल इंतजार ही कर सकते थे।

सोमवार को भले ही बैंकनिफ्टी ऊपर गया, लेकिन हमारे ट्रेड्स में एक बार फिर नुकसान दिखाई दे रहा था। उस दिन 9 शेयरों में बढ़त और 3 शेयरों में गिरावट थी, जिनमें से दो घाटे में थे—एच.डी.एफ.सी. बैंक और कोटक बैंक। हमारा एम.टी.एम. (–) 1,513 तक नीचे आ गया था।

एक बार फिर समायोजन

चूँकि बैंकनिफ्टी 30,000 से ऊपर चला गया था, इसलिए 'हेज ट्रेड' के रूप में पुट 27,000 अप्रभावी हो गया।

आई.सी.आई.सी.आई. बैंक ने पुट इतनी कीमत पर बेचा कि इससे कोई खास फायदा नहीं होने वाला था।

हमने वास्तव में सभी ट्रेड्स बंद नहीं किए।

आई.सी.आई.सी.आई. बैंक पुट 460 को वापस खरीदा गया और पुट 490 को बेच दिया गया।

बैंकनिफ्टी पुट 27,000 को बाहर कर दिया गया और उसकी जगह पुट 28,500 को लगा दिया गया।

हम इसे सेट-1 में बुक किया गया घाटा मानते हैं—

स्क्रिप	एक्शन	पुट स्ट्राइक	लॉट साइज	एंट्री प्राइस 20/11/20	क्रेडिट/ डेबिट	क्लोज प्राइस 08/12/20	लाभ/ हानि
HDFC BANK	बेचा	1,300	550	23.60	12,980	13.20	5,720
ICICI BANK	बेचा	460	1,375	16.00	22,000	3.80	16,775
KOTAK BANK	बेचा	1,800	400	69.00	27,600	50.20	7,520
BANKNIFTY	खरीदा	27,000	3×25	480	(36,000)	57.80	(31,665)
					26,580		(1,650)

सेट–2 कुछ इस प्रकार दिखता था–

स्क्रिप	एक्शन	पुट स्ट्राइक	लॉट साइज	एंट्री प्राइस 08/12/20	क्रेडिट/ डेबिट	क्लोज प्राइस 08/12/20	लाभ/ हानि
HDFC BANK	बेचा	1,300	550	13.20	12,980	11.75	798
ICICI BANK	बेचा	460	1,375	10.85	14,918	10.20	894
KOTAK BANK	बेचा	1,800	400	50.20	20,080	42.85	2,940
BANKNIFTY	खरीदा	27,000	3×25	233.50	(17,512)	206.45	(2,029)
					24,746		2,603

एच.डी.एफ.सी. बैंक पुट 1,300 के लिए हमने नई कीमत 13.20 मानी है, जो बंद सेटअप में दिखाए गए के समान है। इसी तरह कोटक बैंक पुट 1,800 के लिए दोनों सेट में समान कीमत 50.20 रुपए ली गई है।

दोनों सेटों को मिलाकर एक छोटा एम.टी.एम. लाभ हुआ।

सप्ताह के अंत तक, यानी शुक्रवार, 11 दिसंबर को बैंकनिफ्टी 30,604.85 पर आ गया था। बैंकिंग शेयरों में सकारात्मक रुझान के अनुरूप हमारे ट्रेड्स भी अच्छे रहे और हमारी एम.टी.एम. स्थिति 13,141 रुपए तक सुधर गई थी।

अगले 3 दिन–

तारीख	बैंकनिफ्टी क्लोजिंग	पॉइंट्स लाभ/ हानि	% लाभ/ हानि	एम.टी.एम. लाभ/ हानि (रुपए)
09/12/20	30,709.40	447.50	1.48	9,134
10/12/20	30,510.35	(199.05)	(0.65)	10,549
11/12/20	30,604.85	94.50	(0.31)	13,141

फिर भी, यह बाहर निकलने के लिए पर्याप्त नहीं था।

समय चलता रहता है। समय अच्छा हो या बुरा, गुजर जाता है।

ऑप्शन विक्रेताओं के लिए (इस रणनीति में हम कुछ हद तक ऑप्शन विक्रेता हैं) प्रत्येक दिन छोटी-छोटी खुशियाँ लेकर आता है, जब तक कि ट्रेड बड़े पैमाने पर उनके खिलाफ न हो जाए! यह रणनीति किसी भी बड़े प्रतिकूल कदम से बचाव करते हुए ऑप्शंस कीमतों में समय की कमी का लाभ उठाती है।

अगले सप्ताह में इसकी प्रभावशीलता साबित हुई।

अगले 5 दिन—

तारीख	बैंकनिफ्टी क्लोजिंग	पॉइंट्स लाभ/ हानि	% लाभ/ हानि	एम.टी.एम. लाभ/ हानि (रुपए)
14/12/20	30,745.90	141.05	0.46	14,989
15/12/20	30,619.05	(54.85)	(0.18)	16,335
16/12/20	30,698.40	7.35	0.02	16,675
17/12/20	30,847.05	148.65	0.48	16,729
18/12/20	30,714.65	(132.40)	(0.43)	18,434

शुक्रवार, 11 दिसंबर से शुक्रवार, 18 दिसंबर तक पाँच कारोबारी सत्रों में बैंकनिफ्टी 30,604.85 से 30,714.65 तक, यानी केवल 109.80 अंक तक बढ़ पाया था।

ऑप्शंस कीमतों में समय की गिरावट ने इस बार हमारे लिए पूरी तरह से काम किया और हम एम.टी.एम. लाभ की उम्मीद कर रहे थे, जहाँ हम ट्रेड बंद करने के बारे में सोच सकते थे।

सोमवार, 21 दिसंबर, 2020 एक झटके के रूप में आया।

पिछला सप्ताह नीरस था। एक बड़े कदम की उम्मीद थी; लेकिन कोई बड़ी गिरावट नहीं। बैंकनिफ्टी 1,258.20 अंक (4.10%) टूटकर 29,456.45 पर आ गया। दो सप्ताह की तेजी एक ही दिन में खत्म हो गई।

इस दिन हमारा ट्रेड बिना किसी नुकसान के बच गया और समापन पर हमारी एम.टी.एम. स्थिति 19,186 रुपए थी।

अगले दिन ट्रेड बंद करने का निर्णय लिया गया।

22 दिसंबर बेहतर था, क्योंकि बैंकनिफ्टी सकारात्मक हो गई।

कोई बड़ा बदलाव नहीं था, बस, एक सामान्य दिन था, क्योंकि सूचकांक पूरे दिन 0.57% (169.50 अंक) की मामूली बढ़त के साथ 29,625.95 पर बंद होने के लिए संघर्ष करता रहा।

हम अभी भी पिछले सप्ताह देखे गए स्तरों से काफी नीचे थे। जो बात मायने रखती थी, वह एम.टी.एम. की पोजीशन थी, जो दिन के दौरान बेहतर होती गई।

23,026 रुपए के लाभ के साथ कारोबार बंद हुआ—

स्क्रिप	एक्शन	पुट स्ट्राइक	लॉट साइज	एंट्री प्राइस 08/12/20	क्रेडिट/डेबिट	क्लोज प्राइस 22/12/20	लाभ/हानि
HDFC BANK	बेचा	1,300	550	13.20	12,980	11.15	1,128
ICICI BANK	बेचा	490	1,375	10.85	14,918	11.30	(619)
KOTAK BANK	बेचा	1,800	400	50.20	20,080	13.50	14,680
BANKNIFTY	खरीदा	28,500	3×25	233.50	(17,512)	338.00	7,838
					24,746		23,026

इस सीरीज में मुनाफा कमाने में लंबा समय लगा, लेकिन आखिरकार हम वहाँ पहुँच गए।

इससे पहले हमने 8 दिसंबर को 1,650 रुपए का नुकसान बुक किया था।

सेट 1 : (–) 1,650 रुपए

सेट 2 : 23,026 रुपए

दिसंबर 2020 सीरीज के लिए कुल—21,376 रुपए।

अब हम नवंबर 2020 के बाद से 14 में से 12 महीनों में लाभदायक रहे हैं।

हमारे लिए एक अच्छी चीज होने वाली थी।

कितनी देर के लिए?

इस प्रश्न का उत्तर केवल बाजार और समय के पास था और वह भी भविष्य के गर्भ में था। फिलहाल हमें जनवरी 2021 सीरीज के लिए इसी तरह से ट्रेडिंग जारी रखनी थी।

जनवरी-फरवरी 2021 की प्रगति अगले अध्याय में···

□

10

साल 2021 शुरू हुआ—जनवरी और फरवरी 2021

वर्ष 2020 समाप्त हो रहा था।

यह बाजार के लिए बहुत उतार-चढ़ाव वाला साल रहा। मार्च 2020 में हुई घटना ने सभी को आश्रय की तलाश में भेज दिया था; लेकिन छिपने के लिए कहीं कोई जगह नहीं थी। जल्द ही बाजार ने अपने पैर जमा लिये और दृढ़तापूर्वक निराशा की गहराइयों से ऊपर उठ गया।

क्या नया साल बाजार में और रौनक लाएगा?

या, क्या यह फिर से क्रैश हो जाएगा?

इससे पहले कि हम वर्ष 2021 की ट्रेडिंग यात्रा का पता लगाएँ, आइए, पिछले 14 महीनों में प्राप्त परिणामों की त्वरित समीक्षा करें—

दिसंबर 2020—21,376 रुपए

नवंबर 2020—44,544 रुपए

2 महीने के लिए कुल—65,922 रुपए

नवंबर 2019-अक्तूबर 2020—2,62,836 रुपए (अध्याय 9)

14 महीने के लिए कुल—3,28,758 रुपए

22 दिसंबर को बैंकनिफ्टी 29,625.95 पर था, जो 30,330.55 से कम था।

'मनी इन द बैंक' रणनीति ने अब 14 महीने की अवधि में 65.75% का लाभ दिया था, जबकि उस दौरान सूचकांक 2.33% नीचे था।

इसे निश्चित ही एक अच्छा प्रदर्शन कहा जाएगा।

जनवरी 2021

जनवरी सीरीज के लिए ट्रेड 28 दिसंबर को लिये गए।

कारोबार में जल्दबाजी करने की कोई जरूरत नहीं थी, क्योंकि बाजार में क्रिसमस का समय था। वॉल्यूम कम थे।

जनवरी सीरीज के ट्रेड्स—

स्क्रिप	एक्शन	पुट स्ट्राइक	लॉट साइज	एंट्री प्राइस 28/12/20	क्रेडिट/ डेबिट	क्लोज प्राइस 28/12/20	लाभ/ हानि
HDFC BANK	बेचा	1,360	550	25.50	14,025	23.90	880
ICICI BANK	बेचा	500	1,375	13.00	17,875	12.15	1,169
KOTAK BANK	बेचा	1,900	400	48.00	19,200	45.00	1,200
BANKNIFTY	खरीदा	29,000	3×25	360.00	(27,000)	319.60	(3,030)
					24,100		219

आरंभिक क्रेडिट 24,100 रुपए प्राप्त हुए।

इस समय तक बैंकनिफ्टी ने 22 दिसंबर के 29,625.95 के स्तर से अच्छी रिकवरी कर ली थी।

28 दिसंबर को बंद 30,880.95 के मजबूत स्तर पर था और 31,000 के स्तर का बेसब्री से इंतजार था। अगले दिन ही यह स्तर पार हो गया।

अगले 4 दिन—

तारीख	बैंकनिफ्टी क्लोजिंग	पॉइंट्स लाभ/ हानि	% लाभ/ हानि	एम.टी.एम. लाभ/ हानि (रुपए)
29/12/20	31,322.50	441.55	1.43	4,731
30/12/20	31,303.05	19.45	(0.06)	8,664
31/12/20	31,264.05	(39.00)	(0.12)	11,675
01/01/21	31,225.85	(36.20)	(0.12)	6,084

ट्रेड्स अच्छा चल रहे थे, क्योंकि सूचकांक एक सीमित दायरे में घूम रहा था। वर्ष 2020 के आखिरी दिन हमारा एम.टी.एम. बढ़कर 11,675 रुपए हो गया था। यह हमेशा की तरह बिजनेस था, जैसा कि किसी अन्य सीरीज में था।

नए साल के पहले दिन हमारी एम.टी.एम. स्थिति 6,084 रुपए रही, जो चिंता का विषय नहीं था।

इंतजार अगले सप्ताह तक चला गया था। वर्ष 2021 की शुरुआत हो चुकी थी। हम आने वाले नए साल में बेहतर नतीजों की उम्मीद कर रहे थे।

अगले 5 दिन—

तारीख	बैंकनिफ्टी क्लोजिंग	पॉइंट्स लाभ/ हानि	% लाभ/ हानि	एम.टी.एम. लाभ/ हानि (रुपए)
04/01/21	31,212.45	(13.40)	(0.04)	6,371
05/01/21	31,722.25	509.80	1.63	2,644
06/01/21	31,797.90	75.65	0.24	5,086
07/01/21	31,956.00	158.10	0.50	971
08/01/21	32,084.20	128.20	0.40	6,500

यह एक ऐसा सप्ताह था, जिसमें हमारे ट्रेड्स कहीं नहीं गए।

5 जनवरी को बैंकनिफ्टी 509.80 अंक ऊपर चला गया, लेकिन हमारा एम.टी.एम. लाभ कम हो गया। ऐसा ही कुछ 7 जनवरी को हुआ।

आउटपरफॉर्मेंस नहीं हो पा रहा था। एस.बी.आई.एन. और एक्सिस बैंक में बढ़त के कारण बैंकनिफ्टी ऊपर जा रहा था। हमारे स्टॉक्स कुछ भी नहीं कर रहे थे।

सप्ताह 6,500 रुपए के लाभ के साथ समाप्त हुआ। यह पिछले सप्ताह के 6,084 रुपए से नीचे आ गया था।

यह एक अजीब अनुभव था कि बैंकनिफ्टी ऊपर जा रहा था, लेकिन उससे कोई लाभ नहीं मिल रहा था।

हम जानते थे कि अभी और बुरा आना बाकी था।

अगले 5 दिन—

तारीख	बैंकनिफ्टी क्लोजिंग	पॉइंट्स लाभ/ हानि	% लाभ/ हानि	एम.टी.एम. लाभ/ हानि (रुपए)
11/01/21	31 ,998.90	(85.30)	(0.270)	3,934
12/01/21	32,339.00	340.10	1.08	(1,588)
13/01/21	32,574.65	235.65	0.73	(6,700)
14/01/21	32,519.75	(54.90)	(0.17)	(4,380)
15/01/21	32,246.80	(272.95)	(0.84)	(11,788)

यह छोटे उतार-चढ़ाव का एक और सप्ताह था; लेकिन कुल मिलाकर सूचकांक के लिए थोड़ा सकारात्मक था। हमारे शेयरों ने अपना खराब प्रदर्शन जारी रखा और परिणामस्वरूप हमारी एम.टी.एम. पोजीशन घटकर (–) 11,788 रुपए पर आ गई।

मई 2020 के बाद से हमने कोई सीरीज नहीं गँवाई थी। ऐसा लग रहा था कि हमारी जीत का सिलसिला खत्म हो रहा है। औसत का नियम हमारी पकड़ में आ रहा था।

घाटा ट्रेड्स का एक हिस्सा है। हमें उन्हें पसंद नहीं करना है; हमें उन्हें स्वीकार करना होगा।

हमने नए सप्ताह की शुरुआत सकारात्मक सोच के साथ नहीं की।

सोमवार, 18 जनवरी, 2021 को बैंकनिफ्टी 435.05 अंक गिरकर 31,811.75 पर आ गया। एम.टी.एम. स्थिति अब (–) 12,431 रुपए पर थी।

31 दिसंबर, 2020 को हम आराम से (+) 11,675 रुपए पर थे। नया साल हमारे ट्रेड्स में कोई उत्साह नहीं लेकर आया।

अगले दिन पता चला कि यह लाभ या हानि की स्थिति कितनी क्षणिक हो सकती है! सूचकांक 613.10 अंक बढ़कर 32,424.85 पर पहुँच गया।

एम.टी.एम. स्थिति (–) 12,431 रुपए से सुधरकर (+) 2,098 रुपए हो गई। केवल एक ट्रेडिंग सत्र में हमने 14,529 रुपए का अंतर देखा।

एक छोटे से लाभ की बुकिंग करते हुए अगले दिन ट्रेड्स से बाहर निकलने का निर्णय लिया गया। हम उसके बाद फरवरी 2021 की सीरीज में अपनी संभावनाएँ तलाशेंगे।

20 जनवरी, 2021 को ट्रेड बंद कर दिया गया—

स्क्रिप	एक्शन	पुट स्ट्राइक	लॉट साइज	एंट्री प्राइस 28/12/20	क्रेडिट/ डेबिट	क्लोज प्राइस 28/01/21	लाभ/ हानि
HDFC BANK	बेचा	1,360	550	25.50	14,025	2.40	12,705
ICICI BANK	बेचा	500	1,375	13.00	17,875	0.95	16,569
KOTAK BANK	बेचा	1,900	400	48.00	19,200	58.30	(4,120)
BANKNIFTY	खरीदा	29,000	3×25	360.00	(27,000)	8.50	(26,363)
					24,100		(1,209)

लाभ के साथ नहीं···

जनवरी 2021 सीरीज 1,209 रुपए के छोटे नुकसान के साथ समाप्त हुई थी।

आँकड़ों से पता चलता है कि इस नुकसान का कारण कोटक बैंक था। अगर यह शेयर भी बाजार की दिशा के अनुरूप चलता तो अच्छा मुनाफा होता।

काम हो गया। तथ्य के बाद 'अगर-मगर' मदद नहीं करते।

हम इस तथ्य से सांत्वना लेते हैं कि नुकसान बहुत कम था और फरवरी 2021 तक आगे बढ़ते हैं।

फरवरी 2021

यह अच्छा रहा कि जनवरी सीरीज के कारोबार 20 जनवरी को बंद हो गए।

अगले दो दिनों में बैंकनिफ्टी 356.80 और 1,019.65 अंक नीचे था।

फरवरी सीरीज के लिए ट्रेड्स शुक्रवार, 22 जनवरी को लिये गए थे और जब सूचकांक नीचे जा रहा था तो हमारी एम.टी.एम. पोजीशन दिन के लिए लाभप्रद रूप से बंद हुई।

स्क्रिप	एक्शन	पुट स्ट्राइक	लॉट साइज	एंट्री प्राइस 22/01/21	क्रेडिट/ डेबिट	क्लोज प्राइस 22/01/21	लाभ/ हानि
HDFC BANK	बेचा	1,360	550	29.00	15,950	35.70	(3,685)
ICICI BANK	बेचा	530	1,375	17.50	24,062	24.70	(9,900)
KOTAK BANK	बेचा	1,800	400	71.00	28,400	73.60	(1,040)
BANKNIFTY	खरीदा	30,500	3×25	550.00	(41,250)	829.05	20,929
					27,162		6,304

जनवरी की खाली सीरीज के बाद अच्छी बढ़त के साथ सीरीज की शुरुआत करना कुछ सांत्वना देने वाली बात थी।

सोमवार, 25 जनवरी सूचकांक के लिए एक सपाट दिन था, क्योंकि यह केवल 31.15 अंक बढ़कर 31,198.40 पर बंद हुआ। समापन पर एम.टी.एम. 5,675 रुपए था।

26 जनवरी, गणतंत्र दिवस, बाजार का अवकाश था।

अगला दिन हमारे लिए बहुत अच्छा था और हमें सचमुच ऐसे दिन की जरूरत थी। बैंकनिफ्टी 913.85 अंक (– 2.93%) नीचे 30,284.55 पर था।

हम बहुत अच्छे लाभ के साथ ट्रेड्स बंद करने में सफल रहे।

स्क्रिप	एक्शन	पुट स्ट्राइक	लॉट साइज	एंट्री प्राइस 22/01/21	क्रेडिट/ डेबिट	क्लोज प्राइस 27/01/21	लाभ/ हानि
HDFC BANK	बेचा	1,360	550	29.00	15,950	40.55	(6,353)
ICICI BANK	बेचा	530	1,375	17.50	24,062	28.50	(15,125)
KOTAK BANK	बेचा	1,800	400	71.00	28,400	91.20	(8,080)
BANKNIFTY	खरीदा	30,500	3×25	550.00	(41,250)	1,252.00	52,650
					27,162		23,093

केवल तीन कारोबारी दिनों में हम 23,093 रुपए का मुनाफा बुक करने में सफल रहे।

इस बार गिरते बाजार में खरीदे गए बैंकनिफ्टी पुट से मुनाफा हुआ।

जनवरी सीरीज में जब सूचकांक ऊपर चला गया था तो हम लाभ प्राप्त करने में विफल रहे थे। ट्रेडिंग में जीवन ऐसा ही है।

सीरीज का दूसरा सेट 28 जनवरी को शुरू किया गया था—

स्क्रिप	एक्शन	पुट स्ट्राइक	लॉट साइज	एंट्री प्राइस 28/01/21	क्रेडिट/ डेबिट	क्लोज प्राइस 28/01/21	लाभ/ हानि
HDFC BANK	बेचा	1,340	550	34.60	19,030	32.55	1,128
ICICI BANK	बेचा	500	1,375	17.40	23,925	12.50	6,728
KOTAK BANK	बेचा	1,700	400	57.00	22,800	49.75	2,900
BANKNIFTY	खरीदा	28,000	3×25	474.00	(35,550)	288.15	(13,939)
					30,205		(3,174)

प्रारंभिक क्रेडिट 30,205 रुपए था और दिन के अंत में ट्रेड्स में 3,174 रुपए का नुकसान हो रहा था।

29 जनवरी को बैंकनिफ्टी थोड़ा ऊपर 30,565.50 पर बंद हुआ और हमारी एम.टी.एम. स्थिति सुधरकर (–) 361 रुपए हो गई।

यह केंद्रीय बजट का समय था।

केंद्रीय बजट 1 फरवरी, 2021 को पेश किया जाना था।

हमने पहले ही सीरीज में मुनाफा बुक कर लिया था और दूसरे सेट में ट्रेड हो गए थे।

बजट का दिन बहुत सुखद आश्चर्य वाला दिन था।

1 फरवरी, 2021 को बैंकनिफ्टी की चाल इस प्रकार रही—

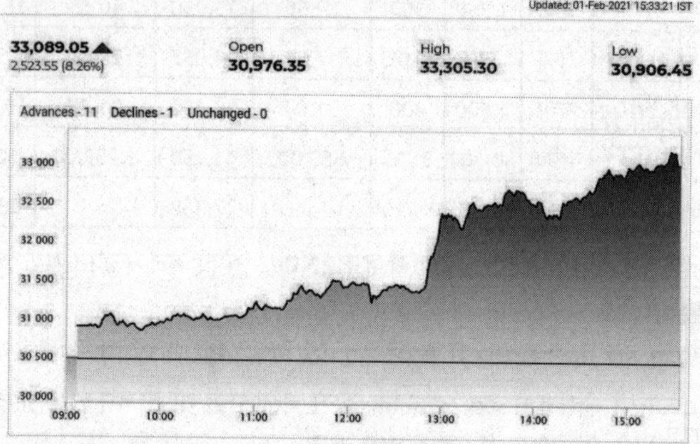

सूचकांक 2,523.55 अंक (6.26%) ऊपर था।

इस बार बाजार में तेजी के साथ हमारी एम.टी.एम. स्थिति में सुधार हुआ और अंत में हम आरामदायक (+) 18,428 रुपए पर पहुँच गए।

अगले दिन ट्रेड्स बंद करने का निर्णय लिया गया।

इसका कारण यह था कि बैंकनिफ्टी 33,000 से ऊपर जाने के साथ पुट 28,000 हेज ट्रेड के रूप में कोई सुरक्षा प्रदान नहीं कर सका। बाहर निकलना और ट्रेड्स का एक नया सेट स्थापित करना सबसे अच्छा था।

2 फरवरी को सेट-2 को बंद कर दिया गया था।

स्क्रिप	एक्शन	पुट स्ट्राइक	लॉट साइज	एंट्री प्राइस 28/01/21	क्रेडिट/ डेबिट	क्लोज प्राइस 02/02/21	लाभ/ हानि
HDFC BANK	बेचा	1,340	550	34.60	19,030	4.00	16,830
ICICI BANK	बेचा	500	1,375	17.40	23,925	1.90	21,313
KOTAK BANK	बेचा	1,700	400	57.00	22,800	15.25	16,700
BANKNIFTY	खरीदा	28,000	3×25	474.00	(35,550)	33.50	(33,038)
					30,205		21,805

फरवरी सीरीज अब तक शानदार रही है। जब बैंकनिफ्टी नीचे चला गया तो लाभ का पहला सेट तेजी से आया।

दूसरे सेट का लाभ केवल 3 कारोबारी सत्रों में समान रूप से तेजी से आया था। बजट दिवस के कदम के कारण सूचकांक में और वृद्धि हुई, क्योंकि यह 2 फरवरी, 2021 को 34,267.90 पर बंद हुआ।

सेट-1—21,805 रुपए

सेट-2—23,093 रुपए

संयुक्त सेट-1 और 2 : 44,898 रुपए

जब हम जनवरी सीरीज में बिना किसी इनाम के बैठे रहे तो बाजार हमारे धैर्य की भरपाई कर रहा था।

सेट-3

स्क्रिप	एक्शन	पुट स्ट्राइक	लॉट साइज	एंट्री प्राइस 02/02/21	क्रेडिट/ डेबिट	क्लोज प्राइस 02/02/21	लाभ/ हानि
HDFC BANK	बेचा	1,500	550	22.00	12,100	21.30	385
ICICI BANK	बेचा	600	1,375	14.70	20,212	13.90	1,100
KOTAK BANK	बेचा	1,800	400	37.00	14,800	33.40	1,440
BANKNIFTY	खरीदा	33,000	3×25	440.00	(33,000)	462.85	1,714
					14,112		4,639

फरवरी 2021 में तीसरे सेट के लिए ट्रेड्स उसी दिन 14,112 रुपए के शुरुआती क्रेडिट के साथ स्थापित किए गए थे।

यह रकम छोटी लगती है। इसका कारण यह था कि बजट कार्यक्रम के बाद अस्थिरता कम हो गई थी।

यह तीसरा सेट था और इस सप्ताह के बाकी तीन दिनों में कुछ खास नहीं हुआ।

अगले 3 दिन—

तारीख	बैंकनिफ्टी क्लोजिंग	पॉइंट्स लाभ/ हानि	% लाभ/ हानि	एम.टी.एम. लाभ/ हानि (रुपए)
03/02/21	34,758.45	490.55	1.43	432
04/02/21	35,344.80	586.35	0.20	3,643
05/02/21	35,654.50	309.70	0.88	4,756

बैंकनिफ्टी 34,267.90 से 35,654.50 पर आ गया था।

हमारी एम.टी.एम. स्थिति में ज्यादा बदलाव नहीं हुआ था। यह चिंता का कारण नहीं था, क्योंकि हमने पहले ही अच्छा मुनाफा बुक कर लिया था।

12 फरवरी, 2021 तक बैंकनिफ्टी 36,108.90 तक चढ़ गया था।

हमारी एम.टी.एम. स्थिति भी 4,756 रुपए से सुधरकर 7,938 रुपए हो गई थी।

7-8 दिनों की शांत चाल के बाद बैंकनिफ्टी सोमवार, 15 फरवरी को एक महत्त्वपूर्ण चाल के साथ आया। यह 1,197.35 अंक ऊपर था और 37,306.25 पर बंद हुआ।

उस दिन ने हमें ट्रेड्स से बाहर निकलने का अवसर भी दिया।

स्क्रिप	एक्शन	पुट स्ट्राइक	लॉट साइज	एंट्री प्राइस 02/02/21	क्रेडिट/ डेबिट	क्लोज प्राइस 15/02/21	लाभ/ हानि
HDFC BANK	बेचा	1,500	550	22.00	12,100	21.30	385
ICICI BANK	बेचा	600	1,375	14.70	20,212	13.90	1,100
KOTAK BANK	बेचा	1,800	400	37.00	14,800	33.40	1,440
BANKNIFTY	खरीदा	33,000	3×25	440.00	(33,000)	462.85	1,714
					14,112		4,639

सेट-3 में लाभ 10,513 रुपए का था।

इस बार मुनाफा निकालने में पूरे दो सप्ताह लग गए। हालाँकि, हम शिकायत नहीं करते, क्योंकि यह सामान्य रूप से इसी तरह काम करता है। इससे पहले सीरीज में त्वरित मुनाफा एक अपवाद था।

सीरीज के पिछले दो सेटों ने 44,898 रुपए का मुनाफा दिया था।

तीसरे सेट के लाभ को जोड़कर फरवरी 2021 सीरीज 55,411 रुपए के कुल लाभ के साथ उत्कृष्ट रही।

अप्रैल 2020 सीरीज में 70,192 रुपए की उच्च संख्या के बाद यह अब तक का दूसरा सबसे अधिक लाभ वाला आँकड़ा था।

जनवरी 2021—(-) 1,209 रुपए

फरवरी 2021—(+) 55,411 रुपए।

संयुक्त जनवरी-फरवरी 2021—54,202 रुपए।

हमने इस रणनीति के साथ अब 16 महीने पूरे कर लिये थे, जिनमें से 13 महीने लाभदायक थे।

मार्च व अप्रैल 2021 में रणनीति ने कैसा प्रदर्शन किया, यह हम अध्याय 11 में जानेंगे।

□

11

धीमा और निरंतर–मार्च व अप्रैल 2021

मार्च 2021 के लिए ट्रेड्स 19 फरवरी को लिये गए थे।

फरवरी सीरीज के ट्रेड्स बंद करने के बाद हमने कुछ दिनों का ब्रेक लिया था। इस बार कोटक बैंक को एक्सिस बैंक से बदल दिया गया।

यह था सेटअप–

स्क्रिप	एक्शन	पुट स्ट्राइक	लॉट साइज	एंट्री प्राइस 19/02/21	क्रेडिट/ डेबिट	क्लोज प्राइस 19/02/21	लाभ/ हानि
HDFC BANK	बेचा	1,500	550	39.00	21,450	35.65	1,843
ICICI BANK	बेचा	600	1,375	14.20	19,525	14.80	(825)
AXIS BANK	बेचा	750	1,200	28.65	34,380	34.20	(6,660)
BANKNIFTY	खरीदा	34,500	3×25	540.00	(40,500)	635.65	7,174
					34,855		1,531

19 फरवरी, 2021 को बैंकनिफ्टी पिछले बंद से 2% की गिरावट के साथ 35,841.60 पर बंद हुआ।

सोमवार, 22 फरवरी को बैंकनिफ्टी 35,257.20 तक गिर गया और हमारी एम.टी.एम. पोजीशन (–) 9,989 रुपए तक गिर गई।

23 फरवरी को सूचकांक में एक और 140.35 अंकों की गिरावट आई थी, लेकिन 24 फरवरी, 2021 को यह 3.8% (1,335.35 अंक) बढ़कर 36,452.30 तक चढ़ गया।

इस कदम से एम.टी.एम. के नुकसान को खत्म करने में मदद मिली और पोजीशन सुधरकर (+) 1,034 रुपए हो गई।

गुरुवार को बैंकनिफ्टी में मामूली बढ़त के साथ हमारा एम.टी.एम. (+) 8,496 रुपए पर पहुँच गया।

इस पोजीशन पर हमारी खुशी ज्यादा लंबी नहीं टिकी, क्योंकि बैंकनिफ्टी शुक्रवार, 26 फरवरी को 1,745.40 अंक (–4.78%) गिरकर 34,803.60 पर बंद हुआ।

एक बार फिर हम नुकसान झेल रहे थे, जो इस बार (–) 2,071 रुपए का था।

एक सप्ताह के उतार-चढ़ाव से हमारे प्रॉफिट और लॉस स्टेटमेंट में बड़ा उतार-चढ़ाव देखने को मिला था।

हमारा इंतजार अगले सप्ताह भी जारी रहा—

तारीख	बैंकनिफ्टी क्लोजिंग	पॉइंट्स लाभ/ हानि	% लाभ/ हानि	एम.टी.एम. लाभ/ हानि (रुपए)
01/03/21	35,296.00	492.40	1.41	(651)
02/03/21	35,420.00	124.00	0.35	34
03/03/21	36,368.05	948.35	2.68	9,590
04/03/21	35,802.50	(565.55)	(1.56)	1,541
05/03/21	35,228.15	(574.35)	(1.60)	1,556

बैंकनिफ्टी में पहले तीन दिनों की बढ़त ने एम.टी.एम. की स्थिति को (+) 9,590 रुपए तक जाने में मदद की।

अगले दो दिनों में ज्यादातर बढ़त समाप्त हो गई और स्थिति घटकर सिर्फ (+) 1,556 रुपए रह गई।

त्वरित लाभ कभी-कभी होता है और यह असाधारण है।

ऑप्शंस के समय क्षय के माध्यम से धीरे-धीरे लाभ प्राप्त करना एक संभावना से अधिक है।

हमें ज्यादातर समय लाभ कमाना पड़ता है।

अगले 5 दिन—

तारीख	बैंकनिफ्टी क्लोजिंग	पॉइंट्स लाभ/ हानि	% लाभ/ हानि	एम.टी.एम. लाभ/ हानि (रुपए)
08/03/21	35,275.75	47.60	0.14	2,129
09/03/21	35,865.65	589.90	1.65	10,454
10/03/21	35,938.30	72.65	0.20	15,043
11/03/21	अवकाश			
12/03/21	35,496.65	(441.65)	1.23	12,500

यह सप्ताह अच्छा साबित हुआ। 10 मार्च, 2021 को हमारी एम.टी.एम. स्थिति 15,043 रुपए पर काफी आरामदायक थी।

हम कारोबार बंद कर सकते थे, क्योंकि बैंकनिफ्टी ऊपर चढ़ गया था।

इसने 36,497.35 का स्तर छुआ और फिर अचानक उस ऊँचाई से 1,000 अंक गिर गया। हमें ट्रेड्स के साथ रहना पड़ा तथा एक और सप्ताह इंतजार करना पड़ा।

यह महीना हमारे धैर्य की परीक्षा ले रहा था।

हम अनुभव से जानते थे कि धैर्य भुगतान करता है और अच्छी तरह से भुगतान करता है। इसलिए, हमने प्रतीक्षा की।

अगले 5 दिन—

तारीख	बैंकनिफ्टी क्लोजिंग	पॉइंट्स लाभ/ हानि	% लाभ/ हानि	एम.टी.एम. लाभ/ हानि (रुपए)
15/03/21	35,182.55	(314.10)	(0.88)	7,743
16/03/21	34,804.60	(377.95)	(1.07)	6,877
17/03/21	34,229.25	(575.35)	(1.65)	15,091
18/03/21	33,856.80	(372.80)	(1.09)	12,969
19/03/21	34,161.60	304.80	0.90	16,360 (बंद)

ऊपर देखी गई संख्याएँ हमें रणनीति के कामकाज के बारे में कुछ संकेत देती हैं।

इससे पहले 26 फरवरी को बैंकनिफ्टी 34,803.60 पर बंद हुआ था। 16 मार्च को 34,804.60 पर बंद होना लगभग समान था। हम 1 अंक के अंतर को अनदेखा कर सकते हैं। लेकिन, हमारी एम.टी.एम. स्थिति (–) 2,071 रुपए से सुधरकर (+) 6,877 रुपए हो गई थी।

यह खेल में समय की बरबादी थी।

दूसरी बात यह है कि 17 मार्च को एम.टी.एम. का लाभ बढ़ रहा था, जबकि बैंकनिफ्टी 575.35 अंक नीचे था।

यह एक शानदार खेल था। हमारे 3 शेयर घाटे की तरफ थे, लेकिन उन्हें इंडेक्स लॉस की तुलना में बहुत कम नुकसान हुआ।

समय क्षय और आउटपरफॉर्म मिलकर हम जो परिणाम चाहते हैं, उसे देते हैं।

ट्रेड्स 19 मार्च, 2021 को बंद हो गए थे।

इस तरह समापन किया गया था—

स्क्रिप	एक्शन	पुट स्ट्राइक	लॉट साइज	एंट्री प्राइस 19/02/21	क्रेडिट/ डेबिट	क्लोज प्राइस 19/03/21	लाभ/ हानि
HDFC BANK	बेचा	1,500	550	39.00	21,450	39.90	(495)
ICICI BANK	बेचा	600	1,375	14.20	19,525	30.00	(21,725)
AXIS BANK	बेचा	750	1,200	28.65	34,380	43.00	(17,220)
BANKNIFTY	खरीदा	34,500	3×25	540.00	(40,500)	1,284.00	55,800
					34,855		16,360

19 फरवरी, 2021 से 19 मार्च, 2021 के बीच लंबे इंतजार के बाद 16,360 रुपए का लाभ बुक किया जा सकता है।

'कुछ भी नहीं करने' से अंतत: लाभ हुआ।

इस बार हेजिंग ट्रेड्स से लाभ आया।

19 फरवरी को बैंकनिफ्टी 35,841.60 और 19 मार्च को 34,161.60 पर था। हमारे ट्रेड्स ने 16,360 रुपए का लाभ कमाया, जबकि सूचकांक में 1,680 अंकों की गिरावट आई।

फरवरी सीरीज में बाजार के ऊपर जाने से मुनाफा आया। मार्च सीरीज का मुनाफा बाजार के नीचे जाने से आया।

अगर बाजार लाभ दे रहा है तो हमें उसकी चाल पर सवाल क्यों उठाना चाहिए?

अब, हमारे पास 17 में से 14 लाभदायक महीने थे।

क्या यह ट्रेंड जारी रहेगा?

क्या बाजार नीचे जाना जारी रखेगा?

जवाब जानने का केवल एक ही तरीका है। ट्रेड्स को ले लो और पता लगाओ।

हमने यही किया।

अप्रैल 2021

हमने रणनीति के साथ पहले ही 17 महीने पूरे कर लिये थे। ट्रेड्स को स्थापित करना एक नियमित कार्य बन गया था।

अप्रैल 2021 सीरीज के लिए ट्रेड्स मार्च शृंखला को बंद करने के बाद शुरू किए गए थे।

19 मार्च, 2021 को दिन के अंत में सेटअप कैसा दिखता था।

स्क्रिप	एक्शन	पुट स्ट्राइक	लॉट साइज	एंट्री प्राइस 19/03/21	क्रेडिट/डेबिट	क्लोज प्राइस 19/03/21	लाभ/हानि
HDFC BANK	बेचा	1,440	550	37.30	20,515	30.95	3,493
ICICI BANK	बेचा	560	1,375	19.50	26,812	15.20	5,913
AXIS BANK	बेचा	680	1,200	23.30	27,960	19.10	5,040
BANKNIFTY	खरीदा	32,000	3×25	699.33	(51,999)	483.50	(15,737)
					23,288		(1,292)

23,287 रुपए पर प्रारंभिक क्रेडिट बहुत अच्छा नहीं था; लेकिन हम वही पाते हैं, जो बाजार देता है।

चक्की चलने लगी थी।

सप्ताह 1 :

तारीख	बैंकनिफ्टी क्लोजिंग	पॉइंट्स लाभ/हानि	% लाभ/ हानि	एम.टी.एम. लाभ/हानि (रुपए)
22/03/21	33,603.45	(556.15)	(1.63)	(6,486)
23/03/21	34,184.40	580.95	1.73	6,234
24/03/21	33,293.15	(691.15)	(2.61)	3,849
25/03/21	33,006.45	(256.80)	(0.86)	4,014
26/03/21	33,318.20	311.75	0.94	10,589

सप्ताह के दौरान बैंकनिफ्टी में गिरावट दर्ज की गई। लेकिन हमारी एम.टी.एम. स्थिति काफी सम्मानजनक स्तर 10,589 रुपए तक पहुँच गई थी।

क्या हम इस बार त्वरित लाभ के लिए लाइन में थे?

अगले सप्ताह में ऐसी किस्मत नहीं थी, जिसमें दो छुट्टियाँ थीं।

सप्ताह 2 :

तारीख	बैंकनिफ्टी क्लोजिंग	पॉइंट्स लाभ/ हानि	% लाभ/ हानि	एम.टी.एम. लाभ/ हानि (रुपए)
29/03/21	अवकाश			
30/03/21	33,875.10	556.90	1.67	8,421
31/03/21	33,309.90	(571.20)	(1.69)	6,643
01/04/21	33,858.00	554.10	1.66	9,121
02/04/21	अवकाश			

इस काट-छाँट से भरे सप्ताह में बैंकनिफ्टी में थोड़ी तेजी आई थी। इससे हमारे ट्रेड को मदद नहीं मिली थी और अब हम 9,121 रुपए की एम.टी.एम. स्थिति की ओर देख रहे थे।

अनुबंध बंद होने तक मुनाफे की तलाश करने के लिए हमेशा एक और सप्ताह होता है।

इंतजार अगले सप्ताह तक जारी रहा।

सप्ताह 3 :

तारीख	बैंकनिफ्टी क्लोजिंग	पॉइंट्स लाभ/ हानि	% लाभ/ हानि	एम.टी.एम. लाभ/ हानि (रुपए)
05/04/21	32,678.85	(1,179.15)	(3.48)	6,730
06/04/21	32,501.35	(177.50)	(0.54)	(1,534)
07/04/21	32,991.20	459.85	1.51	2,400
08/04/21	32,782.85	(208.35)	(0.63)	(2,035)
09/04/21	32,448.05	(334.10)	(1.02)	(7,340)

यह सप्ताह वास्तव में खराब था।

सोमवार को बैंकनिफ्टी में भारी गिरावट आई। बुधवार, 7 अप्रैल को कुछ

सुधार हुआ, जब आर.बी.आई. गवर्नर ने 'मौद्रिक नीति' की घोषणा की। उस रिकवरी को अगले दो दिनों में बेच दिया गया था।

एक सप्ताह में बैंकनिफ्टी 33,858 से गिरकर 32,448 पर आ गया था।

हमारे ट्रेड्स में भी गिरावट आई थी और हमारी एम.टी.एम. पोजीशन अब (–) 7,340 रुपए पर काफी खराब थी।

बाजार के बारे में अच्छी बात यह है कि कोई नहीं जानता कि आगे क्या होने वाला है ?

लोग संभावित बाजार की दिशा के बारे में बात करते रहते हैं और विशेषज्ञ बिंदुवार विश्लेषण तथा भविष्यवाणी करते रहते हैं; लेकिन तथ्य यह है कि किसी के पास कोई सुराग नहीं है।

विशेषज्ञ तीन दिन पहले ही मौद्रिक नीति की घोषणाओं की सराहना कर रहे थे और पी.एस.यू. बैंकों के साथ-साथ बैंकनिफ्टी के लिए भी बड़ी चीजों की भविष्यवाणी कर रहे थे। उनके अनुसार, हम जल्द ही 36,000 का स्तर देख सकते हैं।

उन बेचारों को पता नहीं होता कि क्या हो रहा है!

सोमवार को 1,656.05 अंकों की गिरावट आई और बैंकनिफ्टी 30,792.00 तक नीचे चला गया।

अंत में सप्ताह अच्छा साबित हुआ।

सप्ताह 4 :

तारीख	बैंकनिफ्टी क्लोजिंग	पॉइंट्स लाभ/ हानि	% लाभ/ हानि	एम.टी.एम. लाभ/ हानि (रुपए)
12/04/21	30,792.00	(1,656.05)	(5.10)	(6,272)
13/04/21	31,771.60	979.60	3.18	2,120
14/04/21	अवकाश			
15/04/21	32,112.85	341.25	1.07	12,537
16/04/21	31,877.45	(135.40)	(0.42)	11,313

बड़ी गिरावट ने हमारे ट्रेड्स को ज्यादा नुकसान नहीं पहुँचाया।

गिरावट के बाद रिकवरी ने ट्रेड्स को बेहतर स्थिति में वापस आने में मदद की। 11,313 रुपए में हमारा एम.टी.एम. बिल्कुल सही दिख रहा था।

कारोबार बंद करने के बारे में सोचने से पहले एक सप्ताह का समय बचा था। ऐसे में आशंकाएँ थीं—

क्या होगा, यदि ट्रेड फिर से नुकसान में चले जाते हैं?

यदि ऐसा होता है तो हम नुकसान उठाते हैं।

हर रणनीति कुछ मौकों पर विफल हो जाती है। हम नुकसान उठाते हैं और आगे बढ़ते हैं।

बाजार में आशा बहुत जल्द निराशा को रास्ता देती है; लेकिन हमें ऐसी भावनाओं से बचना चाहिए।

शृंखला में अभी भी समय बाकी था और हमने देखा था कि कभी-कभी एक दिन एक बड़ा अंतर कैसे बना सकता है!

सप्ताह 5 :

तारीख	बैंकनिफ्टी क्लोजिंग	पॉइंट्स लाभ/ हानि	% लाभ/ हानि	एम.टी.एम. लाभ/ हानि (रुपए)
19/04/21	31,208.40	(769.05)	(2.40)	23,128
20/04/21	3,112.70	(95.70)	(0.31)	15,868
21/04/21	अवकाश			
22/04/21	31,782.60	669.90	2.15	17,729
23/04/21	31,722.30	(60.30)	(0.18)	15,265 (बंद)

23 अप्रैल को ये क्लोजिंग ट्रेड्स थे—

स्क्रिप	एक्शन	पुट स्ट्राइक	लॉट साइज	एंट्री प्राइस 19/03/21	क्रेडिट/ डेबिट	क्लोज प्राइस 23/04/21	लाभ/ हानि
HDFC BANK	बेचा	1,440	550	37.30	20,515	34.20	1,705
ICICI BANK	बेचा	560	1,375	19.50	26,812	8.30	16,400
AXIS BANK	बेचा	680	1,200	23.30	27,960	22.75	660
BANKNIFTY	खरीदा	32,000	3×25	699.33	(51,999)	660.00	(2,500)
					23,288		15,265

15,265 रुपए का लाभ इस सीरीज में वास्तव में हमारे लंबे इंतजार का परिणाम था।

हम देख सकते हैं कि पूरा लाभ आई.सी.आई.सी.आई. बैंक पुट 560 से आया था।

एच.डी.एफ.सी. बैंक पुट 1,440 और एक्सिस बैंक पुट 680 से छोटे मुनाफे को बैंकनिफ्टी पुट 32,000 में मामूली नुकसान से रद्द कर दिया गया।

मार्च और अप्रैल 2021 दोनों सीरीज काफी मुश्किल थीं।

अंततः यह लाभ है, जो मायने रखता है, चाहे वह धीरे-धीरे या जल्दी से आता है, इससे कोई फर्क नहीं पड़ता।

अप्रैल 2021 में लाभ—15,265 रुपए

मार्च 2021 में लाभ—16,360 रुपए

संयुक्त मार्च-अप्रैल 2021—31,625 रुपए।

यह इस रणनीति के ट्रेडिंग का 18वाँ महीना था, जिनमें से 15 महीने लाभदायक साबित हुए।

यह समीक्षा का समय है, जिसे हम अगले अध्याय में लेंगे।

□

12

18 महीनों की समीक्षा

हर ट्रेडर को कुछ समय-अंतराल पर अपने ट्रेड्स की समीक्षा अवश्य करनी चाहिए। अगर नतीजे अच्छे हैं तो समीक्षा से आपके काम करने के तौर-तरीकों के बारे में अंतर्दृष्टि मिलती है कि आपकी सफलता के पीछे प्रक्रिया कैसी है! अगर नतीजे अच्छे नहीं हैं तो आपने जो गलतियाँ की होती हैं, उनको ढूँढ़ सकते हैं और भविष्य के ट्रेड्स के लिए सुधारात्मक कदम उठा सकते हैं।

हमने अपनी रणनीति 'मनी इन द बैंक' के जरिए ट्रेडिंग में 18 महीने पूरे कर लिये थे।

खुशकिस्मती से इस नाम ने सच साबित भी कर दिखाया और हमारे लिए बेहतर काम भी किया।

यहाँ नवंबर 2019-अप्रैल 2021 की अवधि के प्रदर्शन की सूची दी जा रही है—

महीना	लाभ/ हानि (रुपए)	महीना	लाभ/ हानि (रुपए)
नवंबर 2019	8,382	नवंबर 2020	44,644
दिसंबर 2019	43,337	दिसंबर 2020	21,376
जनवरी 2020	28,477	जनवरी 2021	(1,209)
फरवरी 2020	28,133	फरवरी 2021	55,411
मार्च 2020	(11,177)	मार्च 2021	16,360
अप्रैल 2020	70,192	अप्रैल 2021	15,265
मई 2020	(7,667)		

जून 2020	34,777		
जुलाई 2020	16,246		
अगस्त 2020	7,453		
सितंबर 2020	13,462		
अक्तूबर 2020	31,231		
कुल 12 महीने	2,62,846 रुपए	कुल 6 महीने	1,51,847 रुपए

18 महीनों में कुल मुनाफा—4,14,693 रुपए।

इस तरह से 5,00,000 रुपए की पूँजी पर 18 महीने में यह रिटर्न 82.93% होता है, जो कि किसी भी पैमाने पर उत्कृष्ट कहा जाएगा।

हम किसी भी रणनीति से मिले परिणामों का आकलन तब तक नहीं कर सकते, जब तक कि हम उसकी तुलना बेंचमार्क सूचकांक के साथ नहीं कर लेते।

हमें यह देखना चाहिए कि निफ्टी और बैंकनिफ्टी की तुलना में हमारी रणनीति ने कैसा प्रदर्शन किया है!

हमें यह भी देखना चाहिए कि बड़े बैंकिंग स्टॉक्स, जैसे एच.डी.एफ.सी. बैंक, आई.सी.आई.सी.आई. बैंक, कोटक बैंक और एक्सिस बैंक की तुलना में इसका प्रदर्शन कहाँ खड़ा होता है!

तभी हम इस रणनीति के प्रभावों का सही आकलन कर पाएँगे।

यहाँ तुलनात्मक अध्ययन देखें—

स्क्रिप	स्टॉक मूल्य 1 नवंबर, 2020	स्टॉक मूल्य 23 अप्रैल, 2021	लाभ/ हानि	% लाभ/ हानि
HDFC BANK	1,240.05	1,414.15	174.10	14.03
ICICI BANK	462.25	569.95	107.70	23.29
KOTAK BANK	1,579.90	1,734.20	154.30	9.76
AXIS BANK	748.30	671.35	(76.95)	(10.28)
BANKNIFTY	30,330.55	31,722.10	1,391.55	4.58
NIFTY	11,890.60	14,341.35	2,450.75	20.61
MIB (Amount)	5,00,000	9,14,693	4,14,693	82.93

इस अवधि में बैंकनिफ्टी केवल 4.58% की ही उछाल दर्ज कर पाया, जबकि निफ्टी ने काफी बेहतर 20.61% की बढ़त दर्ज की।

इस तरह हम पाते हैं कि हमारी इस रणनीति ने बेंचमार्क सूचकांकों की तुलना में कहीं उल्लेखनीय रिटर्न प्रदान किया है।

व्यक्तिगत तौर पर भी 4 बैंकिंग स्टॉक्स में से किसी ने भी हमारी रणनीति से बेहतर रिटर्न नहीं दिया है।

अब तक इस समीक्षा में हमने केवल मुनाफे के ही आँकड़ों को देखा और तुलनात्मक नतीजों को परखा है।

अब हम इसकी तह में जाएँगे और देखेंगे कि यह रणनीति किस तरह से पैसा बनाती है!

मुझे मेरे ब्लॉग पर ढेर सारे कमेंट्स मिले, जिनमें कहा गया कि इस रणनीति ने उछाल वाले बाजार में अच्छा काम किया है। लेकिन जब बाजार में गिरावट होती है, तब इसके प्रदर्शन को लेकर शंका पैदा हो जाती है।

18 महीने बाद, हमें इनके जवाब भी तलाशने चाहिए। शक और शंकाओं के लिए कोई जगह नहीं रहनी चाहिए।

आइए, देखते हैं कि हमने कितनी बार पैसा बनाया और कितनी बार हमारे ट्रेड्स घाटे में रह गए। हम यह भी देखेंगे कि इस अवधि में बैंकनिफ्टी ने कितनी उछाल दर्ज की?

हम जितना जानते हैं और विश्वास करते हैं, यह कसरत हमें उससे आगे लेकर जाएगी।

कुछ सीरीज में हमने दूसरे या तीसरे या यहाँ तक कि चौथे सेट तक की खरीदारी की है।

18 महीनों के दौरान कुल 36 सेट्स के ट्रेड्स किए गए, जिनमें से 29 ने मुनाफा दिया है।

बैंकनिफ्टी 36 में से 21 मौकों पर कारोबार बंद होने के समय बढ़त के साथ बंद हुआ था।

अन्य 15 मौकों पर बैंकनिफ्टी में गिरावट रही।

हमारी लाभप्रदता समान थी।

रणनीति ने लाभ कमाया, जबकि सूचकांक 21 सेटों में से 17 पर मजबूत हुआ। (80.95%)

इसने तब भी मुनाफा कमाया, जबकि 15 में से 12 सेट्स में सूचकांक लुढ़क गया। (80.00%)

यह कोई बड़ा अंतर नहीं है…!

आइए, अब नुकसान वाले हिस्से का मूल्यांकन करें।

3 सेट्स में हुए नुकसान जब बैंकनिफ्टी में गिरावट दर्ज की गई—44,338 रुपए, 7,667 रुपए और 4,884 रुपए, जो कुल मिलाकर 56,889 रुपए हो जाते हैं।

4 सेट्स में हुए नुकसान, जब बैंकनिफ्टी में उछाल दर्ज की गई—6,799 रुपए, 14,648 रुपए, 1,650 रुपए और 1,209 रुपए।

कुल घाटा—24,306 रुपए।

अब सफल ट्रेड्स पर एक नजर डालते हैं—

17 सेट्स से लाभ, जबकि बैंकनिफ्टी में तेजी आई—2,60,187 रुपए।

12 सेट्स से लाभ, जबकि बैंकनिफ्टी में गिरावट देखी गई—2,35,701 रुपए।

बैंकनिफ्टी में उछाल के दौरान 21 ट्रेड्स में शुद्ध लाभ—2,60,187 - 24,306 = 2,35,881 रुपए।

बैंकनिफ्टी में गिरावट के दौरान 15 ट्रेड्स से शुद्ध लाभ—2,35,701 - 56,889 = 1,78,812 रुपए।

सूचकांक में वृद्धि के दौरान औसत लाभ—11,232.43 रुपए प्रति सेट।

सूचकांक में गिरावट के दौरान औसत लाभ—11,920 रुपए प्रति सेट।

निष्कर्ष

हम पाते हैं कि रणनीति के चलते 80% ट्रेड्स में मुनाफा दर्ज किया गया।

बैंकनिफ्टी चाहे ऊपर था या नीचे जा रहा था, हर हाल में मुनाफा दर्ज किया गया। लाभदायक ट्रेड्स का प्रतिशत लगभग समान है।

ट्रेड्स के प्रति सेट औसत लाभ भी बाजार के उच्च या निम्न होने के मामले में बहुत भिन्न नहीं रहा। वास्तव में, बैंकनिफ्टी में गिरावट के दौरान हमें बेहतर औसत लाभ मिला।

इन सभी संख्याओं के आधार पर यह सुरक्षित रूप से निष्कर्ष निकाला जा सकता है कि यह रणनीति तीन चयनित शेयरों के बैंकनिफ्टी सूचकांक से बेहतर प्रदर्शन करने की स्थिति में पैसा कमाएगी।

असाधारण प्रदर्शन के बगैर, जबकि स्टॉक और इंडेक्स दोनों ऊपर जाते हैं,

हम पैसा कमा सकते हैं; लेकिन गिरावट के मामले में लाभ के साथ बाहर आने के लिए असाधारण प्रदर्शन जरूरी है।

खैर, ये आँकड़े हमें बताते हैं कि हम शायद कुछ हद तक भाग्यशाली होने के साथ-साथ कुछ सही काम भी कर रहे थे। भाग्य के तत्त्व को पूरी तरह से अनदेखा नहीं किया जा सकता है। हालाँकि, हम केवल तभी भाग्यशाली होते हैं, जब हम ट्रेड्स को लेते हैं और सही तरीके से आवश्यकतानुसार उनके साथ रहते हैं।

इस समय तक इस रणनीति को कुछ लोकप्रियता मिल चुकी थी और श्री सुमोय गोस्वामी (?) ने इसके बारे में एक तकनीकी पत्र लिखा था, जो मार्च 2021 में OptionsNext.com पर प्रकाशित हुआ था।

ऐसे पाठक हैं, जो ट्रेडिंग के तकनीकी पहलुओं को महत्त्व देते हैं। मैं उस लेख को अगले अध्याय में साझा कर रहा हूँ, जो इस रणनीति के आंतरिक कामकाज में और अंतर्दृष्टि प्रदान करेगा।

□

13

आइए, तकनीकी हो जाएँ–
श्री सुमोय गोस्वामी का लेख

(नोट—यह लेख श्री सुमोय गोस्वामी द्वारा लिखा गया था और मार्च 2021 में मेरे ब्लॉग पर प्रकाशित हुआ था। मैंने कोई बदलाव नहीं किया है और लेख यहाँ पुनः प्रस्तुत किया गया है। लेखक के दृष्टिकोण से पाठक लाभान्वित हो सकते हैं।)

बैंकनिफ्टी के साथ रिलेटिव स्ट्रेंथ एप्रोच के अनुमानों का परीक्षण

हम, विश्लेषक, अराजकता में व्यवस्था ढूँढ़ना पसंद करते हैं। एक बार जब डेटासेट में किसी भी दोहराए जाने योग्य विशेषता की खोज हो जाती है तो ट्रेडर हर बार अवसर आने पर एक छोटा सा जोखिम लेने को तैयार हो सकते हैं। अल्पावधि में परिणाम अब भी रैंडम और अप्रत्याशित हो सकते हैं, लेकिन लंबी अवधि में पैटर्न का छोर दिखाई देना चाहिए। उस लक्ष्य के लिए आज हम एक अनुमान का परीक्षण करते हैं। कृपया ध्यान दें कि एक अनुमान किसी ट्रेडिंग सिस्टम का शुरुआती बिंदु मात्र है, न कि संपूर्ण सिस्टम।

हम अनुमान बताते हुए शुरुआत करते हैं

एन.एस.ई. में इक्विटी और फिक्स्ड रिटर्न एसेट्स—दोनों में सूचकांकों का एक समूह है। इन सूचकांकों का प्रबंधन एक सूचकांक प्रबंधन समिति द्वारा किया जाता है।

कुछ सूचकांक दूसरों की तुलना में अधिक लोकप्रिय हैं और किसी भी

सूचकांक के दीर्घकालिक रिटर्न को अच्छा दिखाने के लिए स्पष्ट रूप से कुछ निहित स्वार्थ हैं (यही वजह है कि कक्षा से 'खराब लड़कों' को लगातार हटाया जाता रहता है और नए 'अच्छे लड़के' शामिल किए जाते रहते हैं)। यह एक सतत प्रक्रिया है। उदाहरण के लिए, सत्यम कंप्यूटर्स, जेट एयरवेज, जे.पी. एसोसिएट्स और कई अन्य स्टॉक्स कभी 'निफ्टी 50 परिवार' के गौरवान्वित सदस्य थे, लेकिन अब उन्हें आसानी से भुला दिया गया है और मौलिक रूप से मजबूत बैलेंस शीट वाले नए स्टॉक्स आ गए हैं। उन्हें प्रतिस्थापित कर दिया गया। इस तरह के कार्य या विनियमन का उद्देश्य, जैसा कि वे इसे कहना पसंद करते हैं, 'निफ्टी 50' इंडेक्स के दीर्घकालिक रिटर्न को आकर्षक बनाने के अलावा और कुछ नहीं हो सकता है।

हम इससे अपना संकेत लेते हैं। समिति उन शेयरों को सबसे अधिक महत्त्व देती है, जिन पर उन्हें सबसे अधिक भरोसा है और उनके पास इसके लिए वैध बुनियादी कारण हैं। अगर हम यहाँ तक सहमत हैं तो इसके दो निहितार्थ हैं— एक : किसी सूचकांक में शेयरों को उनके वजन के घटते क्रम में व्यवस्थित करना और ट्रेड या निवेश करने के लिए शीर्ष शेयरों का चयन करना, हमें तकनीकी रूप से ट्रेड करने के लिए अच्छे शेयरों (मजबूत सापेक्ष शक्ति के साथ) का चयन करने का लागत-मुक्त तरीका देता है और दूसरा : एक पोर्टफोलियो बनाना, जो किसी भी सूचकांक में हैवीवेट शेयरों पर अधिक वजन रखता है और सूची के कम महत्त्वपूर्ण (निचले) शेयरों पर कम वजन रखता है, सूचकांक पर अल्फा अर्जित करने का एक लागत-प्रभावी तरीका साबित हो सकता है। यह दूसरा निहितार्थ है, जिसे हम उस धारणा के रूप में बताते हैं, जिसका हम इस लेख में परीक्षण करना चाहते हैं।

कौन सा सूचकांक चुनना है?

कोई भी सूचकांक, जहाँ टॉप और बॉटम घटकों के बीच वेटेज में काफी अंतर है, इस धारणा का परीक्षण करने का अवसर प्रस्तुत करता है। बैंकनिफ्टी यहाँ एक आदर्श केस स्टडी है, क्योंकि इसके बारह घटकों में से शीर्ष तीन का हिस्सा कुल 62% है (शीर्ष चार बैंकों का 75% से अधिक है और शेष आठ बैंकिंग शेयरों का वेटेज 25% से कम है), जिसका अर्थ है कि वेटेज भारी वजन वाले लोगों के पक्ष में झुका हुआ है।

एच.डी.एफ.सी. बैंक—26.68%

कोटक बैंक—16.66%

आई.सी.आई.सी.आई. बैंक—18.70%

एक्सिस बैंक—14.77%

एस.बी.आई.एन.—11.14%

इंडसइंड बैंक—4.79%

बंधन बैंक—2.11%

फेडरल बैंक—1.63%

आर.बी.एल.—1.19%

आई.डी.एफ.सी. प्रथम—0.85%

बैंक ऑफ बड़ौदा—0.85%

पी.एन.बी.—0.64%

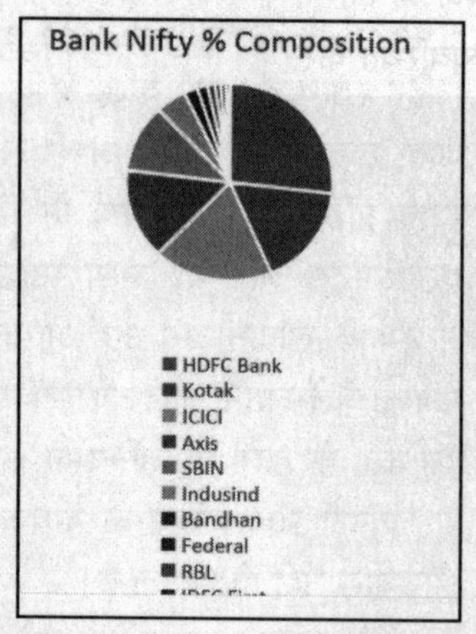

हमारी धारणा यह है कि हैवीवेट लगातार अंडरवेट से बेहतर प्रदर्शन करेंगे। निम्नलिखित आरेख नवंबर 2018 से दिसंबर 2020 (26 महीने) तक प्रत्येक बैंक के प्रतिशत में मासिक रिटर्न दिखाता है, आई.डी.एफ.सी. फर्स्ट बैंक को बाहर रखा गया है, क्योंकि इसका इतिहास उतना पुराना नहीं है :

Date	Kotak Mah	SBIN	Axis	ICICI Ban	HDFC Ban	PNB	Indusind	Federal Ban	Bandhan	Bank Barod	RBL Bank	Nifty Bank
November-18	10.26	1.15	7.44	0.04	11.34	-5.03	14.50	3.08	23.93	-5.06	4.56	6.80
December-18	1.33	3.95	-0.93	1.41	-0.32	11.73	-1.99	9.32	13.75	13.09	4.96	1.11
January-19	-0.06	-0.76	16.58	1.19	-1.97	-0.77	-5.86	-7.88	-26.57	-5.35	-1.21	0.50
February-19	-3.40	-8.38	-1.82	-3.92	-0.12	-6.71	-2.11	-2.39	18.84	-10.18	1.62	-1.85
March-19	10.01	19.22	9.54	14.38	11.62	32.09	20.77	15.03	9.62	27.38	17.74	13.58
April-19	3.30	-3.37	-1.34	1.70	-0.06	-11.10	-9.75	-3.84	12.91	-9.33	-0.22	-2.18
May-19	9.78	13.73	5.41	3.93	4.66	-5.01	-0.07	15.74	-1.29	14.23	1.25	5.41
June-19	-2.96	2.48	0.03	3.16	0.76	-1.36	-12.14	0.98	-8.95	-8.74	-7.09	-0.86
July-19	2.37	-8.04	-16.63	-2.86	-7.86	-13.01	0.37	-14.76	-10.77	-12.25	-36.76	-7.17
August-19	-5.30	-17.56	-1.51	-3.52	-1.05	-6.21	-1.21	-10.28	-2.32	-13.21	-18.99	-5.02
September-19	14.38	-1.11	3.18	5.97	10.15	-4.55	-0.87	9.05	4.75	0.45	0.50	6.11
October-19	-4.25	15.38	7.50	6.77	0.24	3.49	-5.08	-7.30	24.48	4.46	-5.70	3.31
November-19	2.38	9.43	0.37	10.70	3.62	0.38	19.49	6.09	-5.08	7.92	20.05	6.25
December-19	4.28	-2.37	2.04	5.13	-0.22	-1.91	-3.77	-1.07	-12.55	-2.86	-7.83	0.67
January-20	0.44	-4.58	-3.29	-2.46	-3.60	-6.06	-16.63	3.87	-11.39	-9.03	-7.70	-4.13
February-20	-4.22	-4.85	-4.39	-5.40	-3.97	-25.48	-12.30	-5.97	-14.84	-17.69	-8.61	-5.47
March-20	-20.01	-35.08	-45.65	-34.89	-26.81	-28.19	-68.18	-52.21	-46.87	-29.82	-53.42	-34.32
April-20	4.72	-3.23	17.39	17.42	16.23	-0.15	33.26	18.88	28.76	-8.12	-2.47	12.49
May-20	-9.81	-15.33	-13.47	-12.68	-5.01	-17.18	-15.91	-7.99	-16.85	-20.83	-8.82	-10.39
June-20	11.15	10.63	5.64	5.87	12.00	23.91	20.61	13.58	46.37	24.78	43.98	10.74
July-20	0.19	7.28	6.15	-1.32	-3.10	-8.06	10.31	5.69	8.08	-3.70	-2.28	1.26
August-20	2.51	10.73	15.08	13.78	8.04	3.70	20.37	2.80	-11.39	4.59	15.57	9.77
September-20	-9.50	-12.55	-14.51	-10.10	-3.34	-18.54	-16.31	-12.12	-10.73	-16.14	-13.29	-9.69
October-20	22.02	2.08	15.58	10.87	9.73	-6.30	11.05	3.51	6.03	1.58	2.62	11.47
November-20	23.25	29.06	22.15	20.57	21.74	25.05	46.48	24.48	26.79	23.14	28.36	23.88
December-20	4.34	12.57	3.13	13.03	-0.32	-1.20	4.35	6.21	9.60	19.67	3.24	5.59

ठीक है, लेकिन संख्याओं की व्याख्या करना बहुत कठिन है। इसलिए, हम एक ही डेटा को एक अलग नजरिए से देखते हैं। हम उक्त अवधि के लिए प्रत्येक

बैंक के औसत मासिक रिटर्न की गणना करते हैं और उन्हें रिटर्न के घटते क्रम में व्यवस्थित करते हैं। निम्नलिखित चित्र उभरता है—

क्या हमें यहाँ कोई पैटर्न दिखता है? मुझे लगता है कि ऐसा है। बंधन बैंक (जिसका बैंकनिफ्टी में 2.11% का मामूली वेटेज है) को छोड़कर हमारे पास शीर्ष चार आउटपरफॉर्मर्स में तीन सबसे हैवीवेट बैंक (कोटक, आई.सी. आई.सी.आई. और एच.डी.एफ.सी.) हैं। यह हमारी प्रारंभिक धारणा थी। हमने कई पी.एस.यू. बैंकों के लगातार खराब प्रदर्शन पर भी गौर किया है (और आश्चर्य की बात नहीं है कि ये पी.एस.यू. बैंकनिफ्टी में सबसे कम वेटेज रखते हैं)।

प्रथम दृष्टया हमारी धारणा सही प्रतीत होती है; लेकिन असल बात विवरण में है, इसलिए आइए, थोड़ा और गहराई से समझें। हम एक काल्पनिक बैंक बनाते हैं, जिसने शीर्ष तीन हैवीवेट बैंकों (कोटक + एच.डी.एफ.सी. + आई.सी.आई.सी.आई.) के औसत रिटर्न के बराबर ही हासिल किया है और बैंकनिफ्टी के रिटर्न से उनकी तुलना की है। क्या यह काल्पनिक बैंक मासिक आधार पर बैंकनिफ्टी से बेहतर रिटर्न देता है, जिसमें खराब प्रदर्शन करने वाले बैंक भी शामिल हों? यह जाँचने के लिए कि इंडिविजुअल बैंकों ने कैसा प्रदर्शन किया और यह भी कि हमारे काल्पनिक बैंक ने बैंकनिफ्टी के मुकाबले कैसा प्रदर्शन किया, निम्नलिखित आरेख के जरिए एक विशिष्ट महीना दरशाया गया है (26 के सैंपल से रैंडम तौर पर लिया गया) : हम केवल प्रदर्शन के

उद्देश्य से रैंडम आधार पर सितंबर 2020 का महीना चुनते हैं। बाजार (जिसे मोटे तौर पर 'निफ्टी 50 इंडेक्स' के रूप में परिभाषित किया गया है) में उस महीने शुरुआत में बिकवाली हुई, जिसके बाद तेजी से सुधार हुआ; लेकिन बैंकनिफ्टी द्वारा प्रतिनिधित्व किए जाने वाले बैंकिंग शेयरों ने उस महीने बड़ी गिरावट देखी।

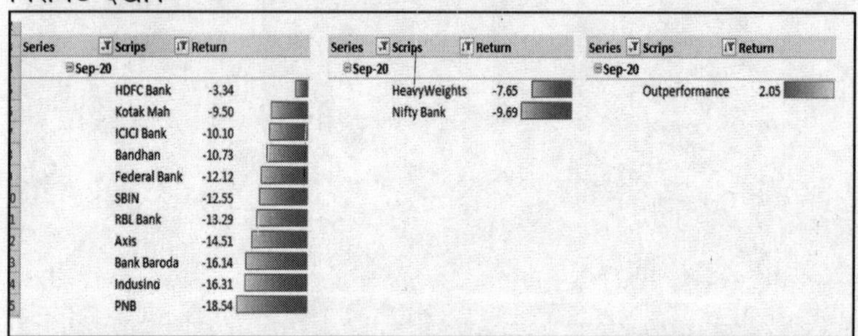

Series	Scrips	Return
Sep-20		
	HDFC Bank	-3.34
	Kotak Mah	-9.50
	ICICI Bank	-10.10
	Bandhan	-10.73
	Federal Bank	-12.12
	SBIN	-12.55
	RBL Bank	-13.29
	Axis	-14.51
	Bank Baroda	-16.14
	Indusind	-16.31
	PNB	-18.54

Series	Scrips	Return
Sep-20		
	HeavyWeights	-7.65
	Nifty Bank	-9.69

Series	Scrips	Return
Sep-20		
	Outperformance	2.05

उपर्युक्त चित्र के बाईं ओर हमने सभी बैंकों का मासिक रिटर्न घटते क्रम में दिखाया है। हमने नोट किया है कि एक्सिस को छोड़कर अन्य सभी प्रमुख निजी बैंकिंग स्टॉक्स (निफ्टी बैंक इंडेक्स में मजबूत भार वाले) ने अन्य बैंकों की तुलना में कम नुकसान उठाया है और पी.एस.यू. बैंकों के मुकाबले सकारात्मक सापेक्ष ताकत दिखाई है।

हमारे काल्पनिक बैंक (जिसे 'हैवीवेट' नाम दिया गया है) और निफ्टी बैंक का प्रदर्शन बीच में एक के ऊपर एक दिखाया गया है। हमने देखा कि हैवीवेट में 7.65% की गिरावट आई, जहाँ बैंकनिफ्टी ने 9.69% का नकारात्मक रिटर्न दिया। इस प्रकार, बैंकनिफ्टी के संबंध में 2.05% का बेहतर प्रदर्शन दर्ज किया गया है (दाईं ओर नीले रंग में दिखाया गया है)।

आखिरी सवाल : लंबी अवधि में यह पैटर्न कितना विश्वसनीय है? स्वाभाविक रूप से, हम हर महीने यही कहानी दोहराने की उम्मीद नहीं कर सकते; लेकिन हमें पूरी तसवीर देखने की जरूरत है। तो, यहाँ एक समग्र आरेख है कि 26 महीनों के हमारे संपूर्ण नमूना डेटा में 'हैवीवेट बैंकों' ने निफ्टी बैंक के मुकाबले कैसा प्रदर्शन किया है।

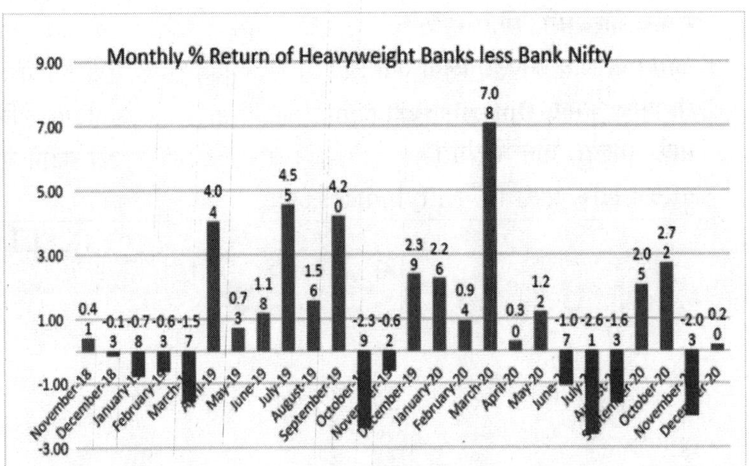

हमने आउटपरफॉर्मेंस को हमारे काल्पनिक 'हैवीवेट बैंक' के मासिक रिटर्न को बैंकनिफ्टी के रिटर्न से घटाकर परिभाषित किया है। इसलिए, सकारात्मक प्रदर्शन को हरे रंग में दिखाया गया है, जिसका अर्थ है कि उस महीने के लिए हमारे प्रारंभिक अनुमान सही थे। खराब प्रदर्शन को लाल रंग में दिखाया गया है। उसका अर्थ यह है कि उस महीने के लिए हमारे अनुमान विफल रहे थे। प्रत्येक तरफ बार की लंबाई, हमेशा की तरह, आउट–परफॉर्मेंस या अंडर–परफॉर्मेंस के परिमाण को परिभाषित करती है।

26 महीने के इन–सैंपल डेटा में से 16 महीनों में आउटपरफॉर्मेंस (61%) देखी गई, जबकि शेष 10 महीनों में खराब प्रदर्शन (39%) देखा गया। औसत आउट–परफॉर्मेंस भी आराम से औसत अंडर–परफॉर्मेंस से अधिक है। सैंपल साइज इतना बड़ा नहीं है कि हमारे प्रारंभिक अनुमान की सत्यता पर अंतिम निष्कर्ष निकाल सके; लेकिन संभवतः कुछ हद तक सच्चाई है।

निष्कर्ष नोट पर, हम दोहराते हैं कि यह अंतिम प्रणाली नहीं है, बल्कि तार्किक धारणा का केवल प्रारंभिक परीक्षण है। ऐसे कई तरीके हैं, जिनसे एक लॉन्ग पोजीशन बनाई जा सकती है (जैसे कि लीवरेज के साथ या उसके बिना अंतर्निहित खरीदारी या कॉल ऑप्शन खरीद या पुट ऑप्शन बिक्री)। इसी तरह, इंडेक्स में शॉर्ट पोजीशन भी कई अलग–अलग तरीकों से बनाई जा सकती हैं। प्रत्येक संयोजन की अपनी अनूठी 'रिटर्न–टू–रिस्क प्रोफाइल' होती है और ट्रेडर को किसी मॉडल को स्वीकार करने से पहले जोखिम प्रोफाइल को समझना और स्वीकार करना होगा।

सुमोय गोस्वामी, सी.एम.टी.

आभार के साथ इनपुट्स लिया गया :
श्री प्रमोद कुमार, OptionsNext.com
मार्क डगलस, जोन में ट्रेडिंग
नेशनल स्टॉक एक्सचेंज, NiftyIndices.com

□

14

धीमे, लेकिन निरंतर आगे बढ़ना–मई और जून 2021

मार्च और अप्रैल 2021 की सीरीज में हमें अपने ट्रेड्स के साथ कठिन समय का सामना करना पड़ा, लेकिन अंततः दोनों में कुछ लाभ हुआ।

मई 2021 सीरीज के लिए ट्रेड्स सेटअप करने का समय आ गया था।

यह शुक्रवार, 23 अप्रैल, 2021 को किया गया था। उस दिन बैंकनिफ्टी 31,722.30 पर बंद हुआ और हमारे ट्रेड्स में समापन पर 949 रुपए का एम.टी.एम. लाभ हुआ।

स्क्रिप	एक्शन	पुट स्ट्राइक	लॉट साइज	एंट्री प्राइस 23/04/21	क्रेडिट/डेबिट	क्लोज प्राइस 23/04/21	लाभ/हानि
HDFC BANK	बेचा	1,380	550	35.50	19,525	36.55	(577)
ICICI BANK	बेचा	560	1,375	21.80	29,975	23.45	(2,769)
AXIS BANK	बेचा	650	1,200	26.00	31,200	25.65	420
BANKNIFTY	खरीदा	30,000	3×25	680.00	(51,000)	725.00	3,375
					29,700		949

इस सेटअप से शुरुआती क्रेडिट 29,700 रुपए का प्राप्त किया गया।

सप्ताहांत के बाद ट्रेड्स ने अच्छा मूव दिखाया।

अगले 3 दिन–

तारीख	बैंकनिफ्टी क्लोजिंग	पॉइंट्स लाभ/ हानि	% लाभ/ हानि	एम.टी.एम. लाभ/ हानि (रुपए)
26/04/21	32,275.15	552.65	1.74	11,435
27/04/21	32,755.35	460.20	1.43	15,845
28/04/21	33,722.80	987.45	3.02	19,141 (बंद)

28 अप्रैल को ट्रेड्स बंद किए गए। प्रयास यह किया गया कि लगभग 21,000 रुपए का मुनाफा बुक कर लिया जाए; लेकिन वास्तविक क्लोजिंग 19,141 रुपए की हो सकी।

सीरीज में यह एक त्वरित मुनाफा था—

स्क्रिप	एक्शन	पुट स्ट्राइक	लॉट साइज	एंट्री प्राइस 23/04/21	क्रेडिट/ डेबिट	क्लोज प्राइस 28/04/21	लाभ/ हानि
HDFC BANK	बेचा	1,380	550	35.50	19,525	13.70	11,990
ICICI BANK	बेचा	560	1,375	21.80	29,975	5.60	22,275
AXIS BANK	बेचा	650	1,200	26.00	31,200	10.00	19,200
BANKNIFTY	खरीदा	30,000	3×25	680.00	(51,000)	222.35	(34,324)
					29,700		19,141

एक बार फिर इस रणनीति ने काम किया। सूचकांक ऊपर गया, फिर भी मुनाफा हुआ।

अब हम सेट-2 के लिए मई 2021 सीरीज की ओर बढ़ गए। उसी दिन हमने नए ट्रेड में प्रवेश किया।

सेट-2 के ट्रेड—

स्क्रिप	एक्शन	पुट स्ट्राइक	लॉट साइज	एंट्री प्राइस 28/04/21	क्रेडिट/ डेबिट	क्लोज प्राइस 23/04/21	लाभ/ हानि
HDFC BANK	बेचा	1,440	550	29.10	16,005	29.10	0
ICICI BANK	बेचा	600	1,375	14.20	19,525	13.90	412
AXIS BANK	बेचा	690	1,200	20.90	25,080	20.70	240
BANKNIFTY	खरीदा	32,000	3×25	588.45	(44,134)	561.35	(2,033)
					16,476		(1,380)

इस बार क्रेडिट 16,476 रुपए का रहा।

एक बार फिर यह इंतजार करने का समय था। हमें नहीं पता था कि यह इंतजार कितना लंबा होना था!

अगले 2 दिन—

तारीख	बैंकनिफ्टी क्लोजिंग	पॉइंट्स लाभ/ हानि	% लाभ/ हानि	एम.टी.एम. लाभ/ हानि (रुपए)
29/04/21	33,714.50	(7.30)	(0.02)	4,540
30/04/21	32,781.80	(932.70)	(2.77)	(2,244)

बाजार का हाल ऐसा था कि वह कहीं जाने के मूड में नहीं लग रहा था। 28 अप्रैल को 987.45 अंकों का बड़ा फायदा 30 अप्रैल को 932.70 के नुकसान की वजह से रद्द हो गया।

यह तो गनीमत रही कि पहले सेट में कुछ मुनाफा बुक कर लिया गया था।

अगला सप्ताह भी पूरा इंतजार में गुजरा और कोई नतीजा नहीं निकला।

7 मई को बैंकनिफ्टी 32,904.50 अंकों पर बंद हुआ, जो कि 30 अप्रैल के आँकड़ों से थोड़ा ऊपर था।

हमारा एम.टी.एम. नुकसान गिरकर (–) 959 रुपए हो गया।

अगले 5 दिन—

तारीख	बैंकनिफ्टी क्लोजिंग	पॉइंट्स लाभ/ हानि	% लाभ/ हानि	एम.टी.एम. लाभ/ हानि (रुपए)
10/05/21	33,142.40	237.90	0.72	(3,128)
11/05/21	32,872.20	(270.20)	(0.82)	(10,230)
12/05/21	32,452.30	(419.90)	(1.78)	(17,960)
13/05/21	अवकाश			
14/05/21	32,169.55	(262.75)	(0.67)	(13,263)

क्या गजब का सप्ताह रहा यह!

गिरते बाजार में शेयरों ने खराब प्रदर्शन किया और हमारी एम.टी.एम. पोजीशन 12 मई को (–) 17,960 रुपए के नुकसान में बदल गई।

उस समय ऐसा लग रहा था कि दूसरा सेट निश्चित नुकसान की ओर बढ़ रहा है।

13 मई को एम.टी.एम. सुधरकर (–) 13,263 रुपए पर पहुँच गया।

अगला सप्ताह—

तारीख	बैंकनिफ्टी क्लोजिंग	पॉइंट्स लाभ/ हानि	% लाभ/ हानि	एम.टी.एम. लाभ/ हानि (रुपए)
17/05/21	33,459.25	1,269.70	4.01	2,214
18/05/21	33,922.40	463.15	1.38	7,821
19/05/21	33,685.20	(237.20)	(0.70)	7,886
20/05/21	33,334.55	(350.65)	(1.04)	3,180
21/05/21	34,606.90	1,272.35	3.81	4,792 (बंद)

सप्ताह के पहले दिन बैंकनिफ्टी में 4.01% की बढ़त रही।

हमारी स्थिति (–) 13,263 से (+) 2,214 हो गई।

अगले दिन सूचकांक में 463.15 की बढ़त के साथ एम.टी.एम. स्थिति सुधरकर 7,821 रुपए हो गई।

20 मई को आई गिरावट ने इसे 3,180 रुपए पर पहुँचा दिया।

शुक्रवार, 21 मई को ट्रेडिंग बंद कर दी गई, क्योंकि बैंकनिफ्टी ने एक और बड़ा कदम उठाया।

स्क्रिप	एक्शन	पुट स्ट्राइक	लॉट साइज	एंट्री प्राइस 28/04/21	क्रेडिट/ डेबिट	क्लोज प्राइस 21/05/21	लाभ/ हानि
HDFC BANK	बेचा	1,440	550	29.10	16,005	16.50	6,930
ICICI BANK	बेचा	600	1,375	14.20	19,525	1.45	17,531
AXIS BANK	बेचा	690	1,200	20.90	25,080	3.70	20,640
BANKNIFTY	खरीदा	32,000	3×25	588.45	(44,134)	51.00	(40,309)
					16,476		4,792

यह देखा गया सबसे अच्छा एम.टी.एम. नहीं था, लेकिन यह सबसे खराब भी नहीं था। हम (–) 17,980 पर नीचे थे। कुछ लाभ में वापस आने के लिए हमारी ओर से कोई काररवाई किए बिना ट्रेड्स बहुत अच्छे हुए।

मई 2021 सेट-2—4,792 रुपए

मई 2021 सेट -1—19,141 रुपए

मई 2021 के लिए लाभ—23,933 रुपए।

मई सीरीज में दोनों सेट ने लाभ दिया, जबकि बैंकनिफ्टी ऊपर जा रहा था। इससे इस विचार को कुछ वैधता मिलती है कि यह रणनीति बढ़ते बाजार में पैसा बनाती है।

मई 2021 के अंत में हम उन 19 महीनों में से 16 महीनों में लाभ प्राप्त करने में सफल रहे, जिनमें ट्रेडिंग करते समय रणनीति लागू की गई थी।

हमें उम्मीद है कि हम जून सीरीज में भी अच्छा प्रदर्शन करेंगे।

जून 2021

जून 2021 सीरीज के ट्रेड्स मई के ट्रेड्स बंद करने के बाद उसी दिन सेटअप किए गए थे।

स्क्रिप	एक्शन	पुट स्ट्राइक	लॉट साइज	एंट्री प्राइस 21/05/21	क्रेडिट/ डेबिट	क्लोज प्राइस 21/05/21	लाभ/ हानि
HDFC BANK	बेचा	1,400	550	23.00	12,650	15.05	4,373
ICICI BANK	बेचा	610	1,375	13.25	18,218	10.60	3,644
AXIS BANK	बेचा	700	1,200	18.70	22,440	16.00	3,240
BANKNIFTY	खरीदा	32,000	3×25	391.80	(29,385)	306.60	(6,390)
					23,923		4,866

कारोबार का पहला दिन अच्छा रहा।

इसका कारण यह था कि हमने मई के ट्रेड्स को दिन की शुरुआत में ही बंद कर दिया था और उसके तुरंत बाद नए ट्रेड्स का सेटअप किया था। उस दिन बड़े कदम का एक बड़ा हिस्सा इन ट्रेड्स को स्थापित करने के बाद हुआ।

अगर हमने ये सौदे थोड़ी देर से किए होते तो मई सीरीज में बेहतर मुनाफा देखने को मिलता।

समय ज्यादा मायने नहीं रखता, क्योंकि हम कभी नहीं जानते कि बाजार किस दिशा में आगे बढ़ेगा।

अगले 5 दिन—

तारीख	बैंकनिफ्टी क्लोजिंग	पॉइंट्स लाभ/ हानि	% लाभ/ हानि	एम.टी.एम. लाभ/ हानि (रुपए)
24/05/21	34,943.60	336.70	0.97	8,554
25/05/21	34,662.00	(261.80)	(0.81)	7,111
26/05/21	34,684.20	22.20	0.06	11,054
27/05/21	35,095.05	410.85	1.18	13,753
28/05/21	35,141.45	46.40	0.13	10,225

28 मई को 10,225 रुपए पर हमारे एम.टी.एम. लाभ के साथ ट्रेड्स अच्छी स्थिति में थे। सप्ताह के दौरान बैंकनिफ्टी में बढ़ोतरी के अनुरूप हमारे ट्रेड्स ने अच्छा प्रदर्शन किया था।

अगला सप्ताह नीरस था।

शुक्रवार, 28 मई से 4 जून तक बैंकनिफ्टी 35,141.45 से 35,291.65 पर पहुँच गया, जो कि (+) 150.2 अंक की बहुत छोटी चाल है।

एम.टी.एम. स्थिति 11,300 रुपए थी। पिछले सप्ताह के अंत में यह 10,225 रुपए थी।

एक और सप्ताह इंतजार करने से भी कोई खास फर्क नहीं पड़ा।

इस बार बैंकनिफ्टी 35,291.65 से गिरकर 35,047.65 पर आ गया।

हमारी एम.टी.एम. स्थिति 11,300 रुपए से बदलकर 11,998 रुपए हो गई।

हमने 21 मई से 11 जून तक इंतजार किया था और अभी भी बाहर निकलने का रास्ता तलाश रहे थे।

मौका आया मंगलवार 15 जून को।

सोमवार, 14 जून को बैंकनिफ्टी 96.40 अंक नीचे थी, लेकिन किसी तरह हमारी एम.टी.एम. स्थिति सुधरकर 12,984 रुपए हो गई।

15 जून को 16,330 रुपए के लाभ के साथ कारोबार बंद हुआ, जबकि बैंकनिफ्टी ऊपर चल रहा था। इंडेक्स 35,085.30 पर बंद हुआ।

स्क्रिप	एक्शन	पुट स्ट्राइक	लॉट साइज	एंट्री प्राइस 21/05/21	क्रेडिट/ डेबिट	क्लोज प्राइस 15/06/21	लाभ/ हानि
HDFC BANK	बेचा	1,400	550	23.00	12,650	3.45	10,753
ICICI BANK	बेचा	610	1,375	13.25	18,218	3.00	14,094
AXIS BANK	बेचा	700	1,200	18.70	22,440	2.65	19,260
BANKNIFTY	खरीदा	32,000	3×25	391.80	(29,385)	21.45	(2,776)
					23,923		16,330

एक और महीना, एक और शृंखला, एक और मुनाफा—

अब हम सफल शृंखला में 20 में से 17वें स्थान पर थे।

मई 2021 में मुनाफा—23,933 रुपए

जून 2021 में मुनाफा—16,330 रुपए

मई और जून 2021 को मिलाकर मुनाफा—40,263 रुपए।

हम इस राशि को पिछले 18 महीनों के लाभ आँकड़ों में जोड़ते हैं।

नवंबर 2019 से अप्रैल 2021 तक मुनाफा—4,14,693 रुपए।

लाभ मई-जून 2021—40,263 रुपए।

20 महीने में कुल—4,54,956 रुपए।

हर गुजरते महीने के साथ रणनीति बेहतर-से-बेहतर होती जा रही थी। इतना अच्छा प्रदर्शन हमेशा जारी नहीं रह सकता।

हम जानते थे कि किसी समय हमें नुकसान होगा, लेकिन कब, यह नहीं पता था।

हम बस, इतना कर सकते थे कि नुकसान होने पर उसे कम स्तर पर रखने के लिए अपनी पद्धति पर भरोसा रखें।

यह जुलाई 2021 सीरीज के ट्रेड्स का समय था।

□

15

आपदा का हमला–विफलता का स्वाद–जुलाई और अगस्त 2021

रणनीति काफी अच्छे ढंग से काम कर रही थी। 20 में से 17 लाभदायक महीनों के साथ हमारा स्ट्राइक रेट 85% पर जबरदस्त था।

ऐसी दौड़ को कभी–न–कभी खत्म होना ही होता है। हालाँकि, जब ऐसा होता है तो कोई भी इसे पसंद नहीं करता। बाजार को भी इससे कोई फर्क नहीं पड़ता कि हमें क्या पसंद है या क्या नहीं! हम मुनाफा खुशी–खुशी लेते हैं, लेकिन नुकसान से हम सभी को नाखुशी ही होती है। यह सब ट्रेडिंग प्रक्रिया का एक हिस्सा है।

सफलता की इतनी ऊँची दर टिकाऊ थी भी नहीं। एक नुकसान आसपास ही कहीं कोने में दुबका होता है। हम तो बस, यही दुआ करते हैं कि जब कभी भी ऐसा हो तो नुकसान की मात्रा बहुत बड़ी न हो।

बहरहाल, मन में ऐसे ही विचारों के साथ हमने जुलाई 2021 सीरीज के लिए 18 जून, 2021 को ट्रेड्स सेट किए—

स्क्रिप	एक्शन	पुट स्ट्राइक	लॉट साइज	एंट्री प्राइस 18/06/21	क्रेडिट/ डेबिट	क्लोज प्राइस 18/06/21	लाभ/ हानि
HDFC BANK	बेचा	1,400	550	23.00	12,650	19.40	10,753
ICICI BANK	बेचा	600	1,375	13.80	18,975	10.35	4,744
KOTAK BANK	बेचा	1,700	400	41.00	16,400	33.80	2,880
BANKNIFTY	खरीदा	32,500	3×25	365.20	(27,390)	254.80	(8,280)
					20,635		1,324

18 जून को बैंकनिफ्टी 34,558.00 पर बंद हुआ था।

इन ट्रेड्स से प्राप्त प्रारंभिक क्रेडिट 20,635 रुपए था और दिन के अंत में ट्रेड्स में मामूली बढ़त देखी गई थी।

इस सीरीज के लिए हमने एक्सिस बैंक को कोटक बैंक से बदल दिया था।

हमेशा की तरह, इसके बाद का समय इंतजार कर रहा था।

सप्ताह 1 :

जब ट्रेड्स अच्छा चल रहा हो तो दिन तेजी से बीतने लगते हैं।

सीरीज सेटअप के एक सप्ताह के बाद 25 जून, 2021 तक बैंकनिफ्टी 35,364.65 तक पहुँच गया था।

एम.टी.एम. की बढ़त भी सूचकांक की गति के साथ बनी रही और पोजीशन 18 जून के 1,324 रुपए की तुलना में सुधरकर 9,619 रुपए हो गई।

यह सप्ताह हमारे लिए अच्छा रहा।

सप्ताह 2 :

हम एक और सप्ताह तक बिना कुछ किए बैठे रहे।

बाजार इस रणनीति में सबकुछ करता है। इस बार भी ऐसा ही हुआ। शुक्रवार, 2 जुलाई को बैंकनिफ्टी गिरकर 34,809.90 पर आ गया।

इसका एम.टी.एम. पोजीशन पर कुछ प्रभाव पड़ा, क्योंकि लाभ पिछले सप्ताह के 9,619 रुपए से घटकर 7,113 रुपए पर आ गया।

इसमें कोई चिंताजनक बात नहीं है।

सप्ताह 3 :

अगले 2 दिनों में बैंकनिफ्टी क्रमश: 1.16% एवं 1.04% बढ़ी और 6 जुलाई को 35,579.15 पर बंद हुआ।

उस दिन हमें ट्रेड्स बंद करने और 14,514 रुपए का मुनाफा बुक करने का मौका मिला।

स्क्रिप	एक्शन	पुट स्ट्राइक	लॉट साइज	एंट्री प्राइस 18/06/21	क्रेडिट/ डेबिट	क्लोज प्राइस 06/07/21	लाभ/ हानि
HDFC BANK	बेचा	1,400	550	23.00	12,650	2.00	11,550
ICICI BANK	बेचा	600	1,375	13.80	18,975	1.60	16,775
KOTAK BANK	बेचा	1,700	400	41.00	16,400	15.80	10,080
BANKNIFTY	खरीदा	32,500	3×25	365.20	(27,390)	46.65	(23,891)
					20,635		14,514

एक बार फिर, हम मुनाफा हासिल करने में सफल रहे।

जुलाई 2021 सीरीज के सेट-2 के लिए ट्रेड्स 6 जुलाई को सेट किए गए—

स्क्रिप	एक्शन	पुट स्ट्राइक	लॉट साइज	एंट्री प्राइस 06/07/21	क्रेडिट/ डेबिट	क्लोज प्राइस 06/07/21	लाभ/ हानि
HDFC BANK	बेचा	1,500	550	11.30	6,215	12.30	(550)
ICICI BANK	बेचा	640	1,375	8.00	11,000	9.50	(2,063)
KOTAK BANK	बेचा	1,720	400	22.15	16,400	22.35	(80)
BANKNIFTY	खरीदा	34,000	3×25	139.60	(10,470)	153.60	1,050
					15,605		(1,643)

इस समय तक यह हमारी दूसरी प्रकृति बन गई थी कि हम बार-बार यह देखते थे कि रणनीति मुनाफा दे रही थी, जबकि कई बार हमें एम.टी.एम. घाटे का सामना करना पड़ता था। हमने ट्रेड्स को मुनाफे में वापस आते देखा था।

इस बार भी कुछ ऐसी ही उम्मीद थी।

अगले 3 दिनों में क्या हुआ—

तारीख	बैंकनिफ्टी क्लोजिंग	पॉइंट्स लाभ/ हानि	% लाभ/ हानि	एम.टी.एम. लाभ/ हानि (रुपए)
07/07/21	35,771.30	192.15	0.54	864
08/07/21	35,274.10	(497.20)	(1.39)	(7,263)
09/07/21	35,071.95	(202.95)	(0.57)	(12,236)

नए सेट के केवल 3 दिन बाद हमें (–) 12,236 रुपए का घाटा हो रहा था। कोई चिंता नहीं थी। यह 'वहाँ थे, वो किए' का मामला था। ट्रेड किसी तरह उबर जाएगा।

इस प्रकार का आत्मविश्वास रणनीति के पिछले प्रदर्शन पर आधारित था।

अगले सप्ताह—

तारीख	बैंकनिफ्टी क्लोजिंग	पॉइंट्स लाभ/ हानि	% लाभ/ हानि	एम.टी.एम. लाभ/ हानि (रुपए)
12/07/21	35,198.90	126.95	0.36	(11,975)
13/07/21	35,673.40	474.50	1.35	(1,324)
14/07/21	35,668.25	(5.15)	(0.01)	(178)
15/07/21	35,907.65	239.40	0.67	4,036
16/07/21	35,751.80	(155.85)	(0.43)	3,900

बाजार एक बार फिर हमारे बचाव में आया और हमारी एम.टी.एम. स्थिति, जो 9 जुलाई को (–) 12,236 रुपए पर थोड़ी चिंताजनक थी, अब सुधरकर (+) 3,900 रुपए हो गई।

एक सप्ताह में निराशा फिर आशा में बदल गई।

यह आशा काफी अल्पकालिक थी, क्योंकि हमें बहुत जल्द ही इसका पता चल जाना था।

अगले सप्ताह—

तारीख	बैंकनिफ्टी क्लोजिंग	पॉइंट्स लाभ/ हानि	% लाभ/ हानि	एम.टी.एम. लाभ/ हानि (रुपए)
19/07/21	35,079.20	(672.60)	(1.88)	(12,283)
20/07/21	34,415.45	(663.75)	(1.89)	(23,694)
21/07/21	अवकाश			
22/07/21	34,677.30	261.85	0.76	(19,946)
23/07/21	35,034.40	357.10	1.03	(24,070) बंद

सप्ताह के आखिरी दो दिनों में बैंकनिफ्टी की बढ़त से कोई मदद नहीं मिली। एच.डी.एफ.सी. बैंक पुट 1,500 को 11.30 रुपए पर बेचा गया, जिसे

58.00 रुपए पर वापस खरीदना पड़ा, जिससे 25,625 रुपए का नुकसान हुआ। यह नुकसान ट्रेड्स के इस सेट के संयुक्त नुकसान से बड़ा था।

यह जुलाई 2021 में सेट-2 का समापन था।

स्क्रिप	एक्शन	पुट स्ट्राइक	लॉट साइज	एंट्री प्राइस 06/07/21	क्रेडिट/ डेबिट	क्लोज प्राइस 23/07/21	लाभ/ हानि
HDFC BANK	बेचा	1,500	550	11.30	6,215	58.00	(25,686)
ICICI BANK	बेचा	640	1,375	8.00	11,000	1.60	8,800
KOTAK BANK	बेचा	1,720	400	22.15	16,400	28.00	(2,340)
BANKNIFTY	खरीदा	34,000	3×25	139.60	(10,470)	75.00	(4,845)
					15,605		(24,070)

सेट-2 में नुकसान—(-) 24,070 रुपए

सेट-1 में मुनाफा—(+) 14,514 रुपए

जुलाई 2021 सीरीज में नुकसान—9,556 रुपए

जुलाई 2021 तक ट्रेड की गई कुल 21 मासिक सीरीज में से यह चौथी बार था, जब कोई सीरीज घाटे के साथ समाप्त हुई थी।

घाटा इतना बड़ा नहीं था कि चिंता होने लगे; पर हमने इसे गंभीरता से लिया और अगस्त सीरीज की ओर बढ़ गए।

अगस्त 2021

अगस्त सीरीज के लिए ट्रेड्स 26 जुलाई, 2021 को लिये गए :

स्क्रिप	एक्शन	पुट स्ट्राइक	लॉट साइज	एंट्री प्राइस 26/07/21	क्रेडिट/ डेबिट	क्लोज प्राइस 26/07/21	लाभ/ हानि
HDFC BANK	बेचा	1,400	550	14.50	7,975	15.60	(605)
ICICI BANK	बेचा	660	1,375	10.40	14,300	11.65	(1,715)
KOTAK BANK	बेचा	1,680	400	21.20	8,480	18.30	1,160
BANKNIFTY	खरीदा	33,500	3×25	218.00	(16,350)	248.75	2,306
					14,405		1,143

हमारा प्रारंभिक क्रेडिट काफी कम 14,405 रुपए था। इसका मतलब था कि हमारा निकास लक्ष्य लगभग 10,000–11,000 रुपए था। कोई शानदार संभावना नहीं है; लेकिन हम वही ले सकते हैं, जो बाजार देता है।

सप्ताह के अंत में हमें नुकसान का सामना करना पड़ रहा था।

सप्ताह 1

तारीख	बैंकनिफ्टी क्लोजिंग	पॉइंट्स लाभ/ हानि	% लाभ/ हानि	एम.टी.एम. लाभ/ हानि (रुपए)
26/07/21	35,949.70	(64.70)	(0.24)	1,143
27/07/21	34,797.45	(152.45)	(0.44)	2,163
28/07/21	34,352.90	(264.55)	(0.76)	(6,306)
29/07/21	34,691.50	158.60	0.46	(13,324)
30/07/21	34,584.35	(107.15)	(0.31)	(7,068)

28 जुलाई को सभी 3 शेयरों ने पूरी तरह से खराब प्रदर्शन किया, जिससे ट्रेड्स बुरी तरह प्रभावित हुए। 29 जुलाई को कोटक बैंक में गिरावट के कारण नुकसान हुआ। सौभाग्य से, 30 जुलाई को हमारी एम.टी.एम. पोजीशन में थोड़ा सुधार हुआ।

यह ऐसा कुछ नहीं था, जिसका हमने पहले सामना नहीं किया था।

और अगले तीन दिनों के कदमों से पता चला कि चिंतित न होने में हम सही थे।

अगले तीन दिनों में 125.65, 497.45 और 820.60 अंकों की सकारात्मक चालें रहीं, जिससे बैंकनिफ्टी 36,028.05 पर और हमारी एम.टी.एम. स्थिति 10,056 रुपए पर आ गई—

स्क्रिप	एक्शन	पुट स्ट्राइक	लॉट साइज	एंट्री प्राइस 26/07/21	क्रेडिट/ डेबिट	क्लोज प्राइस 04/08/21	लाभ/ हानि
HDFC BANK	बेचा	1,400	550	14.50	7,975	4.85	5,308
ICICI BANK	बेचा	660	1,375	10.40	14,300	2.85	10,381
KOTAK BANK	बेचा	1,680	400	21.20	8,480	11.00	4,080
BANKNIFTY	खरीदा	33,500	3×25	218.00	(16,350)	88.50	(9,713)
					14,405		10,056

10,056 रुपए का लाभ बुक करने के लिए 4 अगस्त को ट्रेडिंग बंद कर दी गई थी। कुछ मुनाफा बुक किया गया था; हम और अधिक की तलाश में थे, जो कि ट्रेडर हर समय यही करते हैं।

अगस्त सीरीज के दूसरे सेट में हमने कोटक बैंक को एस.बी.आई.एन. से बदल दिया। बैंकनिफ्टी के दिग्गज शेयरों में एस.बी.आई.एन. स्टॉक तीसरे स्थान पर पहुँच गया था। यह पहली बार था, जब हम एस.बी.आई.एन. ऑप्शंस में कारोबार कर रहे थे—

स्क्रिप	एक्शन	पुट स्ट्राइक	लॉट साइज	एंट्री प्राइस 04/08/21	क्रेडिट/डेबिट	क्लोज प्राइस 04/08/21	लाभ/हानि
HDFC BANK	बेचा	1,440	550	12.00	6,600	12.80	(440)
ICICI BANK	बेचा	700	1,375	10.00	13,750	9.85	206
SBIN	बेचा	450	1,500	10.50	15,750	11.10	(900)
BANKNIFTY	खरीदा	34,500	3×25	181.00	(13,575)	179.20	(135)
					22,525		(1,269)

चूँकि एस.बी.आई.एन. बैंकनिफ्टी के शीर्ष 10 दिग्गजों में तीसरे स्थान पर आ गया था, इसलिए हमने एस.बी.आई.एन. पुट 450 का ऑप्शन चुना।

इस दौर में आपदा हमारा इंतजार कर रही थी और हमें कुछ भी पता नहीं था।

अगले ही दिन ट्रेड्स गड़बड़ हो गए।

वे बार-बार गड़बड़ हुए, जिसका मुख्य कारण एस.बी.आई.एन. स्टॉक की कीमत में गिरावट रही।

11 अगस्त को हमारा एम.टी.एम. घाटा (–) 27,700 रुपए हो गया था।

शुक्रवार, 13 अगस्त को हम (–) 15,528 रुपए पर वापस आ गए।

आशा की एक किरण दिखी। हम अगस्त 2020 में भी लगभग ऐसी ही स्थिति में थे, जब आखिरकार हम थोड़े से लाभ के साथ मुसीबत से बाहर आ गए थे। दोबारा ऐसा होने की हमेशा से संभावना थी।

अतीत में, हम मुसीबत के दौर से गुजरे थे और बाजार ने यह सुनिश्चित कर लिया था कि हम सफल हों।

हम उसी विश्वास के साथ ट्रेड्स में बने रहे।

अगले सप्ताह—

तारीख	बैंकनिफ्टी क्लोजिंग	पॉइंट्स लाभ/हानि	% लाभ/हानि	एम.टी.एम. लाभ/हानि (रुपए)
16/08/21	36,094.50	(74.85)	(0.21)	(23,053)
17/08/21	35,867.45	(227.05)	(0.63)	(28,993)
18/08/21	35,554.50	(312.95)	(0.87)	(44,420)
19/08/21	अवकाश			
20/08/21	35,033.85	(520.65)	(1.46)	(61,841) बंद

इस बार हमारा विश्वास बुरी तरह टूट गया।

हमने (–) 61,841 रुपए का नुकसान दर्ज किया, जो इस रणनीति के साथ ट्रेड शुरू करने के बाद से सबसे बड़ा नुकसान है।

स्क्रिप	एक्शन	पुट स्ट्राइक	लॉट साइज	एंट्री प्राइस 04/08/21	क्रेडिट/डेबिट	क्लोज प्राइस 20/08/21	लाभ/हानि
HDFC BANK	बेचा	1,440	550	12.00	6,600	2.00	5,500
HDFC BANK	बेचा	1,480	550	8.40	4,620	9.35	(522)
ICICI BANK	बेचा	700	1,375	10.00	13,750	24.45	(19,869)
SBIN	बेचा	450	1,500	10.50	15,750	40.25	(44,625)
BANKNIFTY	खरीदा	34,500	3×25	181.00	(13,575)	150.00	(2,325)
					27,145		(61,481)

इसी सीरीज में एच.डी.एफ.सी. बैंक पुट 1,440 को 11/08/21 को बंद कर दिया गया और पुट 1,480 को 8.40 रुपए पर बेचा गया। इस अतिरिक्त ट्रेड से बहुत मदद नहीं मिली, जैसा कि परिणामों से देखा जा सकता है।

अगस्त 2021 की सीरीज हमारे लिए एक आपदा थी।

सेट-1 में मुनाफा—10,056 रुपए।

सेट-2 में घाटा—61,841 रुपए।

अगस्त 2021 सीरीज में घाटा—(–) 51,785 रुपए।

जुलाई 2021 में भी नुकसान हुआ।

22 महीनों में यह पहली बार था कि हमें लगातार दो महीनों में घाटा हुआ। हर चीज के लिए पहली बार होता है और हमारे लिए यह जुलाई-अगस्त 2021 था।

जुलाई 2021 में घाटा— (-) 9,556 रुपए।

अगस्त 2021 में घाटा—(-) 51,785 रुपए।

जुलाई-अगस्त 2021 में कुल घाटा—(-) 61,341 रुपए।

बड़ी विफलता के साथ बड़े संदेह भी आते हैं।

इस रणनीति की सफलता ने मेरे ब्लॉग के कई पाठकों की रुचि को अपनी ओर आकर्षित कर लिया था और इन दो महीनों में विफलता ने उन्हें दूर भागने पर मजबूर कर दिया था।

भागना बिल्कुल नहीं है, बल्कि यह समझने की कोशिश करना है कि क्या गलत हुआ और ऐसी आपदा को दोबारा होने से कैसे रोका जाए?

मेरा नजरिया अब भी वही था।

हम वही करते रहते हैं, जो हमने अतीत में किया था। रणनीति ने अतीत में किसी कारण से पैसा कमाया। उस तर्क से कुछ भी नहीं बदला था। इसलिए, बड़े पैमाने पर पुनर्विचार की कोई आवश्यकता नहीं थी।

मैं अपने ब्लॉग (अगस्त 2021 में) के पाठकों के साथ हुई कुछ बातचीत अगले अध्याय में साझा कर रहा हूँ।

□

16

बड़ा घाटा, ज्यादा संदेह, दूसरे विचार

हमें 20 महीने तक शानदार सफलता मिली, और जब हमने सोचा कि लगातार मुनाफा हासिल करने की एक आदर्श रणनीति मिल गई है तो हमें दो महीनों में नुकसान उठाना पड़ा। उनमें से एक तो बड़ी आपदा की तरह भी रहा।

अब क्या?

यह कुछ पुनर्विचार और शायद कुछ फेर-बदल का समय था।

एक नुकसान दु:ख देता है, एक बड़ा नुकसान बहुत दु:ख देता है और होना भी चाहिए। असफलता से व्यक्ति कई सबक सीखता है।

यह हमारे सीखने का समय था।

'सफलता का जश्न मनाना ठीक है, लेकिन असफलता से मिले सबक पर ध्यान देना अधिक महत्त्वपूर्ण है।'—बिल गेट्स

हम पहले जश्न मना चुके हैं। अब यह सबक सीखने का समय था।

मैंने अपने ब्लॉग पाठकों से टिप्पणियाँ आमंत्रित की थीं। उनमें से कई को अगस्त 2021 में नुकसान उठाना पड़ा था।

वे टिप्पणियाँ और उस समय मेरी प्रतिक्रिया यहाँ साझा की गई है—

एन.बी. की तरफ से—

"हाय मिस्टर प्रमोद,

मैं कुछ महीनों से इस ब्लॉग का अनुसरण कर रहा हूँ और शुरुआत में एम.आई.बी. रणनीति से काफी प्रभावित हुआ था। हालाँकि, ऐतिहासिक रिटर्न का बारीकी से निरीक्षण करने पर अप्रैल-मार्च 2020 की गिरावट के बाद से कोई भी देख सकता है, जो 18 महीने पहले था। बाजार कमोबेश ऊपर की ओर चल

रहा है, इसलिए, इस दौरान किसी भी तेजी की रणनीति ने बहुत अच्छा प्रदर्शन किया होगा।

अब चूँकि 'निफ्टी 50' ने एक नई ऊँचाई बना ली है, इसलिए कुछ सुधार के बाद कुछ साइडवर्ड मूवमेंट की उम्मीद की जा सकती है और रणनीतियों की वास्तविक परीक्षा तब होती है, जब कोई स्पष्ट रुझान संकेत नहीं होते हैं और यह अब तक अच्छा प्रदर्शन नहीं कर रहा हो।

केवल कुछ चुनिंदा स्थितियों में ही कुछ न करना बेहतर होता है। अधिकांश स्थितियों में सक्रिय भागीदारी और प्रयास के माध्यम से तकनीकी ज्ञान की आवश्यकता होती है।

ऐसा कहने के बाद मैं तथा कई अन्य पाठक जनता को सूचित करने और अपने ब्लॉग को बनाए रखने के आपके प्रयास की सराहना करते हैं। यह निश्चित रूप से सराहनीय है। मुझे उम्मीद है कि आगे बढ़ते हुए हम मौजूदा रणनीतियों में बदलाव कर सकते हैं और नई रणनीतियाँ बना सकते हैं। हम सीखते हैं और आगे बढ़ते हैं।

आभार"

मेरा जवाब ये रहा—

"एक या दो महीने से हमें घबराना नहीं चाहिए। माना कि नुकसान काफी बड़ा है, लेकिन जब हमें बड़ा मुनाफा हुआ, तब तो हमने शिकायत नहीं की।

कुछ न करने के बारे में मेरी राय बिल्कुल अलग है। मैंने देखा है कि अधिकांश समय यह रणनीति काम करती है। हमने कई मौकों पर घाटे से मुनाफे की ओर वापसी की है। वापसी करने में विफलता की सिर्फ एक या दो घटनाओं से हमें रणनीति से पीछे नहीं हटना चाहिए। सक्रिय बदलाव के परिणामस्वरूप आमतौर पर बहुत सारे अतिरिक्त ट्रेड्स होते हैं और उस प्रयास को दिखाने के लिए बहुत कुछ नहीं होता है।

अपने विचार साझा करने के लिए धन्यवाद। आपका हमेशा स्वागत है।"

एक अन्य पाठक की टिप्पणी—

जय की तरफ से—

"मैं इस महीने 15,000 के मुनाफे में हूँ, लेकिन मैं 2 से 3 रुपए के अनुबंध खरीदकर स्टॉक ऑप्शंस की हेजिंग करता हूँ। यह असीमित नुकसान से बचाएगा

और मार्जिन प्रॉफिट भी होगा…मैंने एस.बी.आई. नहीं लिया…पूरे महीने मैं ट्रेड कर रहा था, एक्सिस…एच.डी.एफ.सी.…आई.सी.आई.सी.आई. बैंक।"

मेरा जवाब ये रहा—

"एस.बी.आई.एन. वह था, जिसने ट्रेड को बुरी तरह प्रभावित किया। यह जानकर खुशी हुई कि आपके ट्रेड्स सफल रहे।"

जय के लिए अच्छा है, क्योंकि वह एस.बी.आई.एन. के लिए नहीं गए। हानि मुख्यत: एस.बी.आई.एन. पुट ट्रेड के कारण हुई।

सुमोय गोस्वामी ने ये कहा—

"कई छोटे लाभ, कुछ बड़े नुकसान : यह किसी भी शुद्ध ऑप्शन बिक्री रणनीति की विशेषता है। 'मनी इन द बैंक' अलग क्यों होना चाहिए? लगातार दो महीने बरबाद होना भी बहुत आम बात है। सांख्यिकीय रूप से नुकसान का एक बड़ा सिलसिला भी संभव है और भविष्य में कभी-कभी ऐसा होगा; लेकिन उससे भी कुछ नहीं बदलता। यह अभी भी एक शुद्ध लाभदायक रणनीति है। हालाँकि, इस पद्धति की एकमात्र कमजोरी यह है कि ट्रेडर को सबसे खराब संभावित परिणाम का पता नहीं होता है। कभी-कभी जो कुछ भी गलत हो सकता है, वह गलत ही होता है। उस परिदृश्य में एक ऑप्शन खरीदार सुरक्षित होता है, विक्रेता नहीं।"

मेरा जवाब था—

"तथ्य यह है कि ये 3 स्टॉक्स, जो कि सूचकांक का 60% से अधिक भार उठाते हैं, अपरिवर्तित हैं।

इस महीने परेशानी यह थी कि स्टॉक्स की कीमतों में गिरावट एक समान नहीं थी। और कई मौकों पर ऐसा नहीं होगा। एच.डी.एफ.सी. बैंक में ज्यादा गिरावट नहीं हुई और इससे बैंकनिफ्टी पुट की कीमत बढ़ने नहीं पाई। अन्य दो शेयरों में तेजी से गिरावट आई, जिससे बेचे गए पुट में नुकसान हुआ।

मैं आपसे सहमत हूँ कि कभी-कभी सबकुछ गलत हो जाता है। बाजार आपको नुकसान पहुँचाने का कोई-न-कोई तरीका ढूँढ़ ही लेता है। लेकिन अतीत में कई बार बाजार ने हमें घाटे की स्थिति से वापस वाजिब मुनाफे में ला दिया।

सिद्धांत रूप में, इस रणनीति को 75% बार काम करना चाहिए। हम उससे बेहतर कर रहे थे, इसलिए अंतत: औसत के नियम ने हमें पकड़ लिया। 22 में से 5 महीने गँवाने के साथ अब हम 77.2% सफलता स्तर पर हैं।

अपने विचार साझा करने के लिए धन्यवाद।"

अपने उत्तर में मैं एक बात कहना चूक गया—

श्री सुमोय ने शुरुआत की है—कई छोटे लाभ, कुछ बड़े नुकसान, जो किसी भी शुद्ध ऑप्शन बिक्री रणनीति की विशेषता है।

हमारे सेटअप में ये कुछ बड़े नुकसान कहाँ हैं? 22 महीनों में केवल एक बड़ा नुकसान है। हालाँकि, मैं इस संभावना के लिए तैयार हूँ कि और भी नुकसान हो सकते हैं।

कई छोटे-मोटे मुनाफे—हाँ, हमें मिल गए। लेकिन हमें काफी बड़ा मुनाफा भी मिला।

यह एक महत्त्वपूर्ण बिंदु रहा, जिसे मैं जवाब में शामिल करना चूक गया।

मैंने पहले ही इस पुस्तक में एक संपूर्ण अध्याय के रूप में श्री सुमोय गोस्वामी का एक लेख साझा किया है।

अपने उत्तर में मैंने उल्लेख किया है कि यह 22 महीनों में केवल एक बड़ा नुकसान था; हालाँकि, मैं इस संभावना के लिए तैयार हूँ कि और भी नुकसान संभव हैं।

वास्तव में, दो बड़े नुकसान हुए। उनमें से एक मार्च 2020 में था। चूँकि उस सीरीज के पहले सेट में हमें अच्छा लाभ हुआ था, इसलिए कुल नुकसान ज्यादा नहीं था।

एक अन्य पाठक—

गौरव बसु द्वारा—

"सर, मुझे लगता है कि कम प्रीमियम के कारण आपने मनी पुट के बहुत करीब शॉर्ट करके बहुत अधिक जोखिम उठाया है। किसी भी स्टॉक में अचानक 4-5% की गिरावट से नुकसान होना तय है। मेरा दूसरा सेट एक दिन बाद शुरू हुआ। एच.डी.एफ.सी. 1,460 पी.ई., आई.सी.आई.सी.आई. 680 पी.ई. और कोटक 1,740 पी.ई. में किसी भी गिरावट के लिए कुछ मार्जिन था। यहाँ दिखाए गए 27Kके बजाय 11K का बहुत कम क्रेडिट था। हेजिंग के लिए भी मैं 1 लॉट ए.टी.एम./निकट ए.टी.एम. बैंकनिफ्टी पुट का उपयोग कर रहा हूँ, जिसका मूल्य 3 लॉट दूर के ओ.टी.एम. पुट की तुलना में समान है। मैंने पाया है कि वे सेटअप के दौरान बेहतर बचाव प्रदान करते हैं।"

मेरा उत्तर है—

"अपने विचार साझा करने के लिए धन्यवाद।"

कुछ सुझावों के साथ एक अन्य पाठक—

रामकृष्ण द्वारा—

"सर, मुझे लगता है कि दूसरे और उसके बाद के सेट लेने से बचना बेहतर है। कारण यह है कि हमारी 22 महीने की यात्रा के दौरान पहले सेट को नजरअंदाज करने पर अन्य सेटों में शुद्ध नुकसान हुआ। मुझे लगता है कि अब पुराने ट्रेड्स को देखने और दूसरे तथा बाद के सेटों के शुद्ध परिणामों की जाँच करने का समय आ गया है।"

मेरा उत्तर है—

"ऐसे कई महीने रहे हैं, जब 2 सेट या यहाँ तक कि 3 सेट भी लाभदायक रहे हैं। अन्यथा हमें 45,000 से 55,000 रुपए तक का मुनाफा कैसे मिलेगा?

हानि और लाभ अंततः संतुलित हो जाते हैं।

अपने विचार साझा करने के लिए धन्यवाद।"

ये अगस्त 2021 सीरीज के बड़े घाटे के बाद साझा किए गए विचार थे।

इन बातचीतों के बाद आखिरकार क्या निर्णय लिया गया?

इसका पता हमें अगले अध्याय में चलेगा, जिसमें हम 'मनी इन द बैंक' यात्रा के 2 साल पूरे करने का अनुभव साझा करेंगे।

□

17

खुशनुमा समय एक बार फिर लौटा– सितंबर और अक्तूबर 2021

लाभ और हानि एक ही सिक्के के दो पहलू हैं।

हम लाभ वाले हिस्से को ज्यादा जल्दी-जल्दी देखना चाहते हैं। हमारी रणनीति ही यह होती है कि हम ज्यादा निरंतरता के साथ नतीजे हासिल करते रहें। और तभी यह जुलाई और अगस्त 2021 में विफल हो गई। यह नतीजों की संख्या में विफल नहीं हुई, क्योंकि 2 महीने के दौरान भी दो मुनाफे वाले सेट थे और दो घाटे वाले सेट थे। समस्या की मुख्य वजह नुकसान की व्यापकता थी।

उन दो महीनों के दौरान हमें 61,341 रुपए का नुकसान हुआ था।

आत्मविश्वास का नुकसान पैसे के नुकसान से कहीं ज्यादा बड़ा होता है।

सौभाग्य से, हमने अपनी रणनीति के काम करने को लेकर भरोसा नहीं गँवाया था।

यह रणनीति इस सिद्धांत पर काम करती है कि आपके पोर्टफोलियो में अच्छे स्टॉक्स किस तरह आउटपरफॉर्म कर रहे हैं! उन स्टॉक्स में से एक अगस्त सीरीज में बेहतर रह पाने में भयानक तौर पर विफल रहा और परेशानी की वजह बना।

भयानक वाकए समय-समय पर होते रहते हैं, लेकिन नियमित नहीं होते।

हमें इस तरह की एक-आध समस्याओं से चिंतित नहीं होना चाहिए। बाजार का ऐसा व्यवहार भी समय-समय पर हमारे हित में भी होता है।

अगस्त सीरीज में हुई घटनाओं पर अपेक्षाकृत ज्यादा विचार करने के बाद यह तय किया गया कि हम आगे उसी रणनीति का अनुसरण करेंगे, जिस पर अब तक चलते आए हैं।

आइए, देखें कि हमारा यह फैसला हमें कहाँ लेकर जाता है।

सितंबर 2021

स्क्रिप	एक्शन	पुट स्ट्राइक	लॉट साइज	एंट्री प्राइस 20/08/21	क्रेडिट/ डेबिट	क्लोज प्राइस 20/08/21	लाभ/ हानि
HDFC BANK	बेचा	1,460	550	19.80	10,890	19.55	138
ICICI BANK	बेचा	660	1,375	12.80	17,600	11.85	1,306
SBIN	बेचा	400	1,500	11.10	16,650	13.95	(4,275)
BANKNIFTY	खरीदा	33,000	3×25	227.95	(17,096)	211.15	(1,260)
					28,043		(4,091)

सितंबर सीरीज के लिए ट्रेड्स उसी दुर्भाग्यपूर्ण दिन लिये गए, जिस दिन हमने अपना अब तक का सबसे बड़ा घाटा बुक किया था, यानी 20 अगस्त, 2021 को।

बाजार बंद होते समय नए ट्रेड्स 4,091 रुपए के घाटे में चले गए।

हम एक बार फिर गहरे संकट में थे।

अगले 5 दिन—

तारीख	बैंकनिफ्टी क्लोजिंग	पॉइंट्स लाभ/ हानि	% लाभ/ हानि	एम.टी.एम. लाभ/ हानि (रुपए)
23/08/21	35,124.40	90.55	0.26	1,394
24/08/21	35,712.10	587.70	1.67	13,239
25/08/21	35,586.25	(125.85)	(0.35)	13,953
26/08/21	35,617.55	31.30	0.09	10,651
27/08/21	35,627.80	10.25	0.03	12,528

सेटअप के एक सप्ताह बाद हमारे ट्रेड्स 12,528 रुपए के एम.टी.एम. मुनाफे के साथ ठीक काम कर रहे थे।

सोमवार 30 अगस्त को बैंकनिफ्टी ने 719.85 अंकों (2.02%) की बड़ी उछाल दर्ज की, जिसके चलते एम.टी.एम. पोजीशन सुधरकर 20,011 रुपए हो गई।

ट्रेड्स को 31 अगस्त, मंगलवार को बंद किया गया।

स्क्रिप	एक्शन	पुट स्ट्राइक	लॉट साइज	एंट्री प्राइस 20/08/21	क्रेडिट/ डेबिट	क्लोज प्राइस 20/08/21	लाभ/ हानि
HDFC BANK	बेचा	1,460	550	19.80	10,890	3.95	8,718
ICICI BANK	बेचा	660	1,375	12.80	17,600	2.55	14,094
SBIN	बेचा	400	1,500	11.10	16,650	3.70	11,110
BANKNIFTY	खरीदा	33,000	3×25	227.95	(17,096)	62.30	(12,424)
					28,043		21,488

उस दिन सूचकांक कुछ खास नहीं कर पाया और केवल 76.95 अंकों की बढ़त के साथ 36,424.60 तक पहुँच गया। लेकिन इस कदम से हमें सितंबर सीरीज में 21,488 रुपए का मुनाफा बुक करने में मदद मिली।

इस सीरीज के खत्म होने में काफी समय बाकी था। दूसरा सेट उसी दिन 15,530 रुपए के शुरुआती क्रेडिट के साथ लिया गया।

स्क्रिप	एक्शन	पुट स्ट्राइक	लॉट साइज	एंट्री प्राइस 31/08/21	क्रेडिट/ डेबिट	क्लोज प्राइस 31/08/21	लाभ/ हानि
HDFC BANK	बेचा	1,540	550	15.85	8,717.5	13.85	1,100
ICICI BANK	बेचा	700	1,375	10.30	11,162.50	9.30	1,375
SBIN	बेचा	410	1,500	6.20	9,300	5.75	675
BANKNIFTY	खरीदा	35,000	3×25	222.00	(16,650)	238.65	1,249
					15,530		4,399

दिन के अंत में यह सेटअप भी अच्छा लग रहा था।

जुलाई और अगस्त में भी सीरीज के पहले सेट ने मुनाफा दिया था। दोनों बार यह दूसरा सेट था, जिसने सारा मुनाफा और बहुत कुछ छीन लिया।

क्या सितंबर कुछ अलग होगा ?

इसका पता लगाने का केवल एक ही तरीका है—ट्रेड्स के साथ बने रहें!

सप्ताह के बाकी तीन दिनों में कुछ खास नहीं हुआ।

शुक्रवार, 3 सितंबर को बैंकनिफ्टी 31 अगस्त को 36,424.60 से बढ़कर 36,761.15 पर पहुँच गया था। हमारा एम.टी.एम. लाभ 4,399 रुपए से घटकर 3,325 रुपए हो गया, जो अच्छा नहीं था; लेकिन चिंता की कोई बात नहीं थी।

6 सितंबर से 9 सितंबर (10 सितंबर को अवकाश था) वाला सप्ताह भी उतना ही नीरस रहा।

सूचकांक में पर्याप्त हलचल नहीं थी, क्योंकि इसे आगे बढ़ने के लिए संघर्ष करना पड़ रहा था।

36,633.20 पर बैंकनिफ्टी के साथ हमारी एम.टी.एम. पोजीशन 3,923 रुपए थी।

कहीं पहुँच नहीं रहे, बल्कि लटके हुए हैं।

हमारे सामने कहीं न जाने का एक और सप्ताह था।

यह इस प्रकार हुआ—

तारीख	बैंकनिफ्टी क्लोजिंग	पॉइंट्स लाभ/ हानि	% लाभ/ हानि	एम.टी.एम. लाभ/ हानि (रुपए)
13/09/21	36,471.80	(211.40)	(0.58)	(876)
14/09/21	36,613.05	141.25	0.39	(2,951)
15/09/21	36,852.25	239.20	0.65	(678)
16/09/21	37,668.60	816.35	2.22	1,964
17/09/21	37,811.95	143.35	0.38	5,461

सप्ताह के आरंभ में हमारे ट्रेड्स घाटे में चले गए। 16 सितंबर को बढ़त की चाल ने उस गिरावट को रोक दिया और सप्ताह के अंत तक हमारे ट्रेड्स बेहतर स्थिति में थे।

इसका तात्पर्य यह नहीं था कि इसके बाद आगे बढ़ना आसान हो जाएगा।

अगला सप्ताह—

तारीख	बैंकनिफ्टी क्लोजिंग	पॉइंट्स लाभ/ हानि	% लाभ/ हानि	एम.टी.एम. लाभ/ हानि (रुपए)
20/09/21	37,145.70	(666.25)	(1.76)	(980)
21/09/21	37,235.85	90.15	0.24	1,531
22/09/21	36,944.65	(291.20)	(0.79)	(6,048)
23/09/21	37,771.70	827.05	2.24	7,698
24/09/21	37,830.30	58.60	0.16	10,085 (बंद)

22 सितंबर को हम (–) 6,048 रुपए पर थे। अगले दिन 827.05 अंकों की बैंकनिफ्टी चाल 7,698 रुपए के लाभ में बदल गई।

कभी-कभी लाभ कमाने के लिए सिर्फ एक दिन ही काफी होता है।

शुक्रवार, 24 सितंबर को 10,085 रुपए का लाभ बुक करने के लिए ट्रेड्स बंद कर दिए गए।

स्क्रिप	एक्शन	पुट स्ट्राइक	लॉट साइज	एंट्री प्राइस 31/08/21	क्रेडिट/ डेबिट	क्लोज प्राइस 24/09/21	लाभ/ हानि
HDFC BANK	बेचा	1,540	550	15.85	8,717.5	2.40	7,398
ICICI BANK	बेचा	700	1,375	10.30	14,162.50	3.00	10,038
SBIN	बेचा	410	1,500	6.20	9,300	0.50	8,550
BANKNIFTY	खरीदा	35,000	3×25	222.00	(16,650)	10.00	(15,900)
					15,530		10,085

सितंबर सीरीज में हम दोनों ही सेट में मुनाफा कमाने में सफल रहे।

सेट-1—21,488 रुपए।

सेट-2—10,085 रुपए।

सितंबर 2021 सीरीज में मुनाफा—31,523 रुपए।

जाहिर तौर पर रणनीति के अच्छे परिणाम देने के साथ एक बार फिर सब कुछ सामान्य हो गया।

अगस्त सीरीज का कुछ दर्द भुला दिया गया।

यह अक्तूबर सीरीज का समय था।

अक्तूबर 2021

सितंबर सीरीज लाभदायक रही।

अक्तूबर 2021 के लिए ट्रेड्स 24 सितंबर, शुक्रवार को लिये गए।

स्क्रिप	एक्शन	पुट स्ट्राइक	लॉट साइज	एंट्री प्राइस 24/09/21	क्रेडिट/ डेबिट	क्लोज प्राइस 24/09/21	लाभ/ हानि
HDFC BANK	बेचा	1,540	550	26.60	14,630	24.05	1,403
ICICI BANK	बेचा	700	1,375	15.35	21,106	14.70	894
SBIN	बेचा	780	1,200	21.00	25,200	22.90	(2,280)
BANKNIFTY	खरीदा	36,000	3×25	296.05	(22,204)	286.85	(690)
					38,732		(674)

बैंकनिफ्टी इंडेक्स के दिग्गज शेयरों में एक्सिस बैंक एक बार फिर तीसरे स्थान पर आ गया था। इसलिए, हमने इस बार एस.बी.आई.एन. के स्थान पर एक्सिस बैंक पुट का चयन किया।

शुरुआती क्रेडिट 38,732 रुपए पर बहुत अच्छा था।

ट्रेड्स लिये गए; इंतजार शुरू करने का समय आ गया था।

अगले सप्ताह एक हॉरर शो था।

30 सितंबर को एम.टी.एम. पोजीशन में (–) 26,918 रुपए का नुकसान हुआ।

तारीख	बैंकनिफ्टी क्लोजिंग	पॉइंट्स लाभ/ हानि	% लाभ/ हानि	एम.टी.एम. लाभ/ हानि (रुपए)
27/09/21	38,171.25	340.95	0.90	(802)
28/09/21	37,945.00	(226.25)	(0.59)	(3,708)
29/09/21	37,743.00	(202.25)	(0.53)	(12,028)
30/09/21	37,425.10	(317.90)	(0.84)	(26,918)
01/10/21	37,225.90	(199.20)	(0.53)	(25,064)

पूरे सप्ताह बैंकनिफ्टी गिरता रहा और हमारी एम.टी.एम. पोजीशन बद से बदतर होती चली गई।

1 अक्तूबर को हमें (–) 25,064 रुपए का घाटा हो रहा था।

यहीं पर अधिकांश ट्रेडर्स समायोजन या घाटे की बुकिंग या ट्रेड छोड़ने के बारे में सोचना शुरू करते हैं।

हमारी नीति ट्रेड्स में बने रहने और अपनी ओर से कुछ भी किए बिना बाजार की गतिविधियों से होने वाले लाभ या हानि के साथ बाहर निकलने की रही है।

यह एक दबाव की स्थिति थी।

हमने कुछ नहीं किया।

अगले 5 दिन ऐसे रहे—

तारीख	बैंकनिफ्टी क्लोजिंग	पॉइंट्स लाभ/ हानि	% लाभ/ हानि	एम.टी.एम. लाभ/ हानि (रुपए)
04/10/21	37,579.65	353.75	0.95	(13,280)
05/10/21	37,741.00	161.35	0.43	(11,455)
06/10/21	37,521.55	(219.45)	(0.58)	(15,473)
07/10/21	37,753.20	231.65	0.62	(10,330)
08/10/21	37,775.25	22.05	0.06	(7,399)

ट्रेड्स अभी भी नुकसान दिखा रहे थे; लेकिन (–) 7,399 (–) 25,064 की तुलना में काफी बेहतर स्थिति है।

इसके बाद एक और सप्ताह तक कुछ नहीं करना पड़ा।

इस सप्ताह शुक्रवार को एक ट्रेडिंग अवकाश था।

अगले 4 दिन—

तारीख	बैंकनिफ्टी क्लोजिंग	पॉइंट्स लाभ/ हानि	% लाभ/ हानि	एम.टी.एम. लाभ/ हानि (रुपए)
11/10/21	38,293.80	518.55	1.37	5,345
12/10/21	38,521.50	227.70	0.59	5,903
13/10/21	38,635.75	114.25	0.30	5,081
14/10/21	39,340.90	705.15	1.83	16,523
15/10/21	अवकाश			

(–) 25,064 से (–) 7,399 और अब (+) 16,523 पर।

निराशा को आशा में बदलने में थोड़ा समय लगा; लेकिन यह एक अच्छा अहसास था।

हम आशा के साथ आगे बढ़ते रहे।

हमने उम्मीद बरकरार रखी।

तारीख	बैंकनिफ्टी क्लोजिंग	पॉइंट्स लाभ/ हानि	% लाभ/ हानि	एम.टी.एम. लाभ/ हानि (रुपए)
18/10/21	39,684.80	343.90	0.87	22,956
19/10/21	39,540.50	(144.30)	(0.36)	20,999
20/10/21	39,518.20	(22.30)	(0.06)	20,618
21/10/21	40,030.20	512.00	1.30	25,614
22/10/21	40,323.65	293.45	0.73	29,545 (बंद)

इस सप्ताह बैंकनिफ्टी ने 40,000 अंक से ऊपर जाने के लिए बड़ी प्रगति की है। हमारा ट्रेड भी सूचकांक के साथ तालमेल रखता रहा और हम शुक्रवार, 22 अक्तूबर को 29,545 रुपए के लाभ के साथ बंद होने में सफल रहे।

स्क्रिप	एक्शन	पुट स्ट्राइक	लॉट साइज	एंट्री प्राइस 24/09/21	क्रेडिट/ डेबिट	क्लोज प्राइस 22/10/21	लाभ/ हानि
HDFC BANK	बेचा	1,540	550	26.60	14,630	1.40	13,860
ICICI BANK	बेचा	700	1,375	15.35	21,106	1.45	19,113
SBIN	बेचा	780	1,200	21.00	25,200	5.75	18,300
BANKNIFTY	खरीदा	36,000	3×25	296.05	(22,204)	6.35	(21,728)
					38,732		29,545

30 सितंबर को हम (–) 26,918 रुपए से 29,545 रुपए तक कैसे पहुँचे? हम कुछ न करके वहाँ पहुँचे।

संभवतः कुछ काररवाई करने से काम चल गया होगा; 'कुछ न करना' जादू की तरह काम करता था।

सितंबर और अक्तूबर श्रृंखला में लाभ के साथ रणनीति बहुत आशाजनक लग रही थी।

सितंबर 2021 में मुनाफा—31,523 रुपए।

अक्तूबर 2021 में मुनाफा—29,545 रुपए।

संयुक्त सितंबर-अक्तूबर 2021—61,068 रुपए।

इस रणनीति के साथ हमने अब दो साल (24 महीने) पूरे कर लिये हैं।

हम अगले अध्याय में इन 24 महीनों की शीघ्र समीक्षा करेंगे।

☐

18

'मनी इन द बैंक'– निरंतर मुनाफे के दो साल

हमने अध्याय 12 में 18 महीने पूरे होने के बाद इस रणनीति के प्रदर्शन की समीक्षा की थी।

छह महीने बाद कुछ अधिक लाभ और कुछ बड़े नुकसान के साथ यह एक और समीक्षा का समय है।

ट्रेड किए गए सेट्स की संख्या

मई–अक्तूबर 2021 की अवधि में हमने 10 सेट्स की ट्रेडिंग की, जिनमें से 8 सेट मुनाफे वाले रहे।

80% सफलता दर अच्छी थी।

मासिक आधार पर हमारे 6 में से 4 महीने सफल रहे, जो 66.66% है। इससे हमारी पिछली सफलता दर कुछ कम हो जाती है।

अप्रैल 2021 सीरीज तक मुनाफा 4,14,693 रुपए था।

मई–अक्तूबर 2021 सीरीज से लाभ

महीना	लाभ/ हानि (रुपए)
मई 2021	23,933
जून 2021	16,330
जुलाई 2021	(9,556)

अगस्त 2021	(51,785)
सितंबर 2021	31,573
अक्तूबर 2021	29,545
कुल मई–अक्तूबर 2021	40,038

इस 6 महीने की अवधि में हमें अपने प्रयासों (या प्रयासों की कमी) के लिए केवल 40,038 रुपए का लाभ मिला।

आइए, देखें कि दो साल की अवधि में संख्याएँ कैसी रहीं—

प्रदर्शन नवंबर 2019–अक्तूबर 202—

महीना	लाभ/ हानि (रुपए)	महीना	लाभ/ हानि (रुपए)
नवंबर 2019	8,382	नवंबर 2020	44,644
दिसंबर 2019	43,337	दिसंबर 2020	21,376
जनवरी 2020	28,477	जनवरी 2021	(1,209)
फरवरी 2020	28,133	फरवरी 2021	55,411
मार्च 2020	(11,177)	मार्च 2021	16,360
अप्रैल 2020	70,192	अप्रैल 2021	15,265
मई 2020	(7,667)	मई 2021	23,933
जून 2020	34,777	जून 2021	16,330
जुलाई 2020	16,246	जुलाई 2021	(9,556)
अगस्त 2020	7,453	अगस्त 2021	(51,785)
सितंबर 2020	13,462	सितंबर 2021	31,573
अक्तूबर 2020	31,231	अक्तूबर 2021	29,545
कुल–12 महीने	1,62,846 रुपए	कुल–12 महीने	1,91,885 रुपए

नवंबर 2019 से अक्तूबर 2021 तक कुल मुनाफा—4,54,731 रुपए।

मुनाफे वाले कुल महीने—24 में से 19 (79.16%)।

सूचकांक और बड़े बैंकिंग स्टॉक्स से तुलना करने पर—

स्क्रिप	01/11/19 को प्राइस	22/10/21 को प्राइस	% लाभ/ हानि
NIFTY	11,890.60	18,114.90	52.34
BANKNIFTY	30,330.55	40,323.65	32.94
HDFC BANK	1,240.05	1,680.75	35.53
ICICI BANK	462.25	759.30	64.26
KOTAK BANK	1,579.90	2,171.40	37.43
AXIS BANK	748.30	816.70	09.14
SBIN	313.55	502.95	60.40
MIB Strategy	5,00,000	9,54,731	90.94

एक बार फिर रणनीति ने बेंचमार्क सूचकांकों, निफ्टी और बैंकनिफ्टी से बेहतर प्रदर्शन किया है।

इसने शीर्ष 5 बैंकिंग शेयरों में से किसी से भी बेहतर प्रदर्शन किया है।

नतीजों ने साबित कर दिया है कि रणनीति सूचकांकों से काफी बेहतर प्रदर्शन करती है।

अगस्त 2021 में एस.बी.आई.एन. शेयर की कीमत में भारी गिरावट के कारण एक बड़ा नुकसान हुआ।

अगले 2 महीनों में लाभ ने उस हानि की भरपाई कर ली।

आइए, अब अध्याय 19 में जानें कि रणनीति ने अपने तीसरे वर्ष में कैसा प्रदर्शन किया?

□

19

सामान्य कारोबार–
नवंबर व दिसंबर 2021

अक्तूबर 2021 सीरीज में ठीक-ठाक लाभ प्राप्त करना अच्छा था और इससे अगस्त 2021 में भारी नुकसान के दर्द को मिटाने में मदद मिली।

नवंबर सीरीज के लिए ट्रेड्स शुक्रवार, 22 अक्तूबर को लिये गए थे।

स्क्रिप	एक्शन	पुट स्ट्राइक	लॉट साइज	एंट्री प्राइस 22/10/21	क्रेडिट/ डेबिट	क्लोज प्राइस 22/10/21	लाभ/ हानि
HDFC BANK	बेचा	1,640	550	29.80	16,390	29.55	138
ICICI BANK	बेचा	740	1,375	20.60	28,325	21.10	(688)
KOTAK BANK	बेचा	2,100	400	67.00	26,800	62.30	1,880
BANKNIFTY	खरीदा	38,500	3×25	315.05	(23,625)	303.45	(866)
					47,890		464

47,890 रुपए की शुरुआती क्रेडिट अच्छी लग रही थी।

हमारा काम पूरा हो गया, अब बाजार की बारी थी और अगले 5 दिनों में इसने बहुत अच्छा प्रदर्शन किया।

हमारी एम.टी.एम. पोजीशन केवल 2 दिनों में 25,313 रुपए के उच्चतम स्तर पर पहुँच गई। सप्ताह के अंत तक यह मात्र 2,338 रुपए था।

तारीख	बैंकनिफ्टी क्लोजिंग	पॉइंट्स लाभ/ हानि	%लाभ/ हानि	एम.टी.एम. लाभ/ हानि (रुपए)
25/10/21	41,192.40	868.75	2.15	6,643
26/10/21	41,238.30	45.90	0.11	25,313
27/10/21	40,874.35	(363.95)	(0.88)	24,453
28/10/21	39,508.95	(1,365.40)	(3.34)	15,958
29/10/21	39,115.60	(393.35)	(1.00)	2,338

क्या शानदार सप्ताह रहा यह!

सप्ताह की शुरुआत में आई.सी.आई.सी.आई. बैंक में 11% की बढ़ोतरी के कारण एम.टी.एम. की स्थिति इतनी अच्छी दिख रही थी। 28 अक्तूबर की गिरावट ने ट्रेड्स को बुरी तरह प्रभावित किया।

यह एक रोलर कॉस्टर सप्ताह था।

सप्ताह के लिए 3 शेयरों ने यह दिखाया था—

एच.डी.एफ.सी. बैंक—(–) 5.8%

आई.सी.आई.सी.आई. बैंक—(+) 5.8%

कोटक बैंक—(–) 6.4%

अगला सप्ताह भी वैसा ही था; हालाँकि, चालों का परिमाण पिछले सप्ताह की तुलना में कम था।

तारीख	बैंकनिफ्टी क्लोजिंग	पॉइंट्स लाभ/ हानि	% लाभ/ हानि	एम.टी.एम. लाभ/ हानि (रुपए)
01/11/21	39,763.75	648.15	1.66	12,310
02/11/21	39,937.45	174.70	0.44	7,526
03/11/21	39,402.05	(536.40)	(1.34)	(6,448)
04/11/21	39,573.70	171.65	0.44	(1,499)
05/11/21	अवकाश			

बाजार की चाल भले ही छोटी रही हो, लेकिन नुकसान बड़ा था।

26 अक्तूबर को देखे गए (+) 25,313 के उच्चतम स्तर से हम इस सप्ताह के अंत तक (–) 1,499 तक नीचे आ गए थे।

4 नवंबर को दीपावली का त्योहार था। सिर्फ एक घंटे की ट्रेडिंग हुई और घाटा थोड़ा कम हुआ।

नवंबर सीरीज में दो सप्ताह बीत चुके हैं और हमारे ट्रेड्स आरामदायक स्थिति में नहीं थे।

हमें कुछ त्वरित राहत की आवश्यकता थी।

अगले 5 दिन—

तारीख	बैंकनिफ्टी क्लोजिंग	पॉइंट्स लाभ/ हानि	% लाभ/ हानि	एम.टी.एम. लाभ/ हानि (रुपए)
08/11/21	38,438.25	(135.45)	(0.34)	16,834
09/11/21	39,368.80	(65.45)	(0.18)	2,303
10/11/21	39,023.25	(345.55)	(0.89)	(2,516)
11/11/21	38,560.20	(463.05)	(1.19)	(1,499)
12/11/21	38,733.35	173.15	0.45	976

यह लगभग पिछले सप्ताह की पुनरावृत्ति थी। सोमवार को एम.टी.एम. स्थिति में बड़ा लाभ हुआ, क्योंकि बैंकनिफ्टी में गिरावट के बावजूद सभी 3 स्टॉक्स लाभ के साथ बंद हुए। लाभ तेजी से खत्म हो गया और गुरुवार, 11 नवंबर को हमारी एम.टी.एम. पोजीशन बिल्कुल वैसी ही थी, जैसी पिछले गुरुवार को थी।

शुक्रवार को कारोबार में मामूली लाभ दिखा।

यह सीरीज कठिन होती जा रही थी और कोई लाभ नजर नहीं आ रहा था।

'कुछ न करने की नीति' कुछ भी नहीं दे रही थी।

अगले 5 दिन—

तारीख	बैंकनिफ्टी क्लोजिंग	पॉइंट्स लाभ/ हानि	% लाभ/ हानि	एम.टी.एम. लाभ/ हानि (रुपए)
15/11/21	38,702.35	(31.00)	(0.08)	7,599
16/11/21	38,307.10	(395.25)	(1.02)	12,491
17/11/21	38,041.55	(365.55)	(0.69)	6,114
18/11/21	37,946.25	(69.30)	(0.17)	14,190 (बंद)
19/11/21	अवकाश			

इस सप्ताह में बैंकनिफ्टी नीचे चला गया और हमारे एम.टी.एम. पोजीशन में सुधार हुआ। आम तौर पर, समाप्ति सप्ताह से पहले शुक्रवार को ट्रेड बंद कर दिया गया। इस बार छुट्टी होने के कारण गुरुवार, 18 नवंबर को 14,190 रुपए के लाभ के साथ कारोबार बंद हुआ।

स्क्रिप	एक्शन	पुट स्ट्राइक	लॉट साइज	एंट्री प्राइस 22/10/21	क्रेडिट/ डेबिट	क्लोज प्राइस 18/11/21	लाभ/ हानि
HDFC BANK	बेचा	1,640	550	29.80	16,390	101.00	(39,160)
ICICI BANK	बेचा	740	1,375	20.60	28,325	3.00	24,200
KOTAK BANK	बेचा	2,100	400	67.00	26,800	71.00	(1,600)
BANKNIFTY	खरीदा	38,500	3×25	315.05	(23,625)	725.00	30,750
					47,890		14,190

हमने कोई बड़ा मुनाफा नहीं देखा; लेकिन फिर भी, पहले देखे गए घाटे से राहत मिली।

हमने देखा कि बेचे गए दो पुट ऑप्शंस में नुकसान हुआ, एच.डी.एफ.सी. बैंक पुट 1,540 में घाटे से बहुत बुरी तरह से चोट पहुँची। किसी तरह ट्रेड मुनाफा देने में सफल रहा।

'हेज ट्रेड्स' लाभदायक रहे।

लाभ का एक और महीना पीछे बीत गया। हम वर्ष 2021 की दिसंबर सीरीज में प्रवेश कर गए।

दिसंबर 2021

दिसंबर सीरीज के लिए ट्रेड्स 22 नवंबर को लिये गए।

स्क्रिप	एक्शन	पुट स्ट्राइक	लॉट साइज	एंट्री प्राइस 22/11/21	क्रेडिट/ डेबिट	क्लोज प्राइस 22/11/21	लाभ/ हानि
HDFC BANK	बेचा	1,480	550	18.75	10,312	23.65	(2,695)
ICICI BANK	बेचा	730	1,375	11.80	16,225	14.75	(4,056)
SBIN	बेचा	470	1,500	10.35	15,525	11.00	(975)
BANKNIFTY	खरीदा	36,000	3×25	325.00	(24,375)	406.05	6,079
					17,687		(1,648)

एक बार फिर, एस.बी.आई.एन. तीसरे स्टॉक के रूप में वापस आ गया।

उसी दिन हमारा एम.टी.एम. पोजीशन घाटे में चला गया, जो कोई नई बात नहीं थी। ट्रेड का पहला दिन कभी भी महत्त्वपूर्ण नहीं होता, अंतिम दिन ही महत्त्वपूर्ण होता है।

ट्रेड के पहले सप्ताह में स्थिति अच्छे व बुरे के बीच उतार-चढ़ाव भरी रही।

तारीख	बैंकनिफ्टी क्लोजिंग	पॉइंट्स लाभ/ हानि	% लाभ/ हानि	एम.टी.एम. लाभ/ हानि (रुपए)
22/11/21	37,128.80	(847.65)	(2.33)	(1,648)
23/11/21	37,272.80	144.00	(0.39)	5,230
24/11/21	37,441.95	169.15	0.45	7,113
25/11/21	37,364.75	(77.20)	(0.21)	4,664
26/11/21	36,025.50	(1,339.25)	(3.58)	(58)

ट्रेड अच्छा चल रहा था, लेकिन बैंकनिफ्टी में 1,339.25 अंकों की गिरावट ने सप्ताह के शुरुआती भाग के दौरान जो लाभ कमाया था, उसे भी छीन लिया।

अगले सप्ताह हमारी एम.टी.एम. पोजीशन में और गिरावट देखी गई; हालाँकि, बैंकनिफ्टी में बहुत कम अंतर से सुधार हुआ था।

तारीख	बैंकनिफ्टी क्लोजिंग	पॉइंट्स लाभ/ हानि	% लाभ/ हानि	एम.टी.एम. लाभ/ हानि (रुपए)
29/11/21	35,976.45	(49.05)	(0.14)	(768)
30/11/21	35,695.30	(281.15)	(0.78)	(239)
01/12/21	36,364.90	669.60	1.88	3,021
02/12/21	36,508.25	143.35	0.39	(2,201)
03/12/21	36,197.85	(311.70)	(0.85)	(3,364)

यह एक बार फिर सुस्ती में तब्दील होता जा रहा था, जैसा कि पहले भी कई बार देखा जा चुका था। इसलिए, यह हमारे लिए चिंताजनक नहीं था।

सोमवार, 6 दिसंबर, 2021 को बैंकनिफ्टी 461.25 अंक नीचे चला गया।

हमारे शेयरों ने सूचकांक से बेहतर प्रदर्शन किया और हमारा एम.टी.एम. (+) 1,850 रुपए तक सुधर गया।

मंगलवार को बैंकनिफ्टी में 2.47% (882.50 अंक) की बढ़ोतरी देखी

गई और इससे हमें फायदा हुआ। हमारा एम.टी.एम. अब (+) 9,730 रुपए पर था।

8 दिसंबर को एक और बड़ी बढ़त हुई, जब बैंकनिफ्टी 37,000 से ऊपर जाकर 37,284.70 पर बंद हुआ।

हमारे पास 13,662 रुपए की मुनाफा-वसूली करते हुए ट्रेड से बाहर निकलने का अवसर था।

स्क्रिप	एक्शन	पुट स्ट्राइक	लॉट साइज	एंट्री प्राइस 22/11/21	क्रेडिट/ डेबिट	क्लोज प्राइस 08/12/21	लाभ/ हानि
HDFC BANK	बेचा	1,480	550	18.75	10,312	9.25	5,225
ICICI BANK	बेचा	730	1,375	11.80	16,225	10.20	2,200
SBIN	बेचा	470	1,500	10.35	15,525	8.10	3,375
BANKNIFTY	खरीदा	36,000	3×25	325.00	(24,375)	363.15	2,862
					17,687		13,662

दिसंबर 2021 सीरीज के लिए सेट-2 ट्रेड उसी दिन 11,101 रुपए के प्रारंभिक क्रेडिट के साथ किए गए थे।

उन दिनों मेरे ब्लॉग पर कुछ तकनीकी गड़बड़ियाँ थीं और दैनिक पोस्ट नहीं किए जाते थे।

इस बिंदु से बैंकिंग स्टॉक्स नीचे चले गए। 24 दिसंबर को कारोबार बंद हो गया था।

स्क्रिप	एक्शन	पुट स्ट्राइक	लॉट साइज	एंट्री प्राइस 08/12/21	क्रेडिट/ डेबिट	क्लोज प्राइस 24/12/21	लाभ/ हानि
HDFC BANK	बेचा	1,500	550	12.10	10,312	66.55	(25,795)
ICICI BANK	बेचा	740	1,375	9.40	12,925	15.90	(8,938)
SBIN	बेचा	470	1,500	5.95	8,925	15.00	(13,575)
BANKNIFTY	खरीदा	35,500	3×25	15.00	(17,404)	685.00	33,971
				685.00	11,101		(14,336)

24 दिसंबर को जब ट्रेड बंद हुआ तो दूसरा सेट अंततः (-) 14,336 रुपए के नुकसान के साथ समाप्त हुआ।

सेट–1 में मुनाफा—13,662 रुपए।

सेट–2 में घाटा—14,336 रुपए

दिसंबर 2021 सीरीज में घाटा—674 रुपए

दिसंबर सीरीज में घाटा हुआ; हालाँकि, यह कम ही रहा।

नवंबर 2021 में मुनाफा—14,190 रुपए।

दिसंबर 2021 में घाटा—(–) 674 रुपए।

संयुक्त लाभ नवंबर-दिसंबर 2021—13,516 रुपए।

हम दो महीने की अवधि में थोड़ा लाभ प्राप्त करने में सक्षम थे।

वर्ष 2021 की कहानी यहीं समाप्त होती है।

हम अगले अध्याय में वर्ष 2022 की ओर बढ़ेंगे।

□

20

वर्ष 2022—जीवन कठिन हुआ—जनवरी, फरवरी, मार्च 2022

नया साल हमेशा एक रोमांचक समय होता है।

यह नई आशा लेकर आता है।

हम नए साल में अच्छा प्रदर्शन करने का संकल्प लेते हैं।

कुछ दिनों बाद जिंदगी फिर पुराने ढर्रे पर आ जाती है।

हमारी रणनीति में उत्साह के लिए कोई जगह नहीं है। यह एक सुस्त व शांत प्रणाली है, जो अपने आप काम करती है। हमें या तो लाभ होता है या हानि। दोनों नतीजे स्वागत योग्य हैं; हालाँकि, हम घाटे वाले हिस्से से खुश नहीं होते।

जनवरी 2022 सीरीज के लिए ट्रेड्स 24 दिसंबर, 2021 को लिये गए थे।

एच.डी.एफ.सी. बैंक, आई.सी.आई.सी.आई. बैंक और एस.बी.आई.एन. तीन स्टॉक्स थे, जिनमें हमने ओ.टी.एम. पुट ऑप्शंस बेचे।

स्क्रिप	एक्शन	पुट स्ट्राइक	लॉट साइज	एंट्री प्राइस 24/12/21	क्रेडिट/ डेबिट	क्लोज प्राइस 24/12/21	लाभ/ हानि
HDFC BANK	बेचा	1,400	550	22.60	12,430	22.50	55
ICICI BANK	बेचा	700	1,375	10.90	14,987	10.95	(69)
SBIN	बेचा	440	1,500	9.20	13,800	9.20	0
BANKNIFTY	खरीदा	33,000	3×25	265.15	(19,866)	265	(11)
					21,331		(25)

प्रारंभिक क्रेडिट 21,331 रुपए प्राप्त हुआ।

एक बार फिर, इंतजार करने का समय आ गया।

जैसे ही अगले सप्ताह के 5 दिनों के कारोबार में बैंकनिफ्टी 35,057.90 से बढ़कर 35,481.70 हो गया, हमारे ट्रेड्स बहुत अच्छी एम.टी.एम. पोजीशन में आ गए।

हर दिन हमारे ट्रेड्स के लिए मुनाफा कमाने वाला दिन था। दिसंबर 2021 में खराब प्रदर्शन के बाद हमें अच्छे प्रदर्शन की सख्त जरूरत थी।

27 दिसंबर को हमारी एम.टी.एम. पोजीशन सुधरकर 4,026 रुपए हो गई। सप्ताह के आखिरी दिन, साथ ही वर्ष के आखिरी दिन, हमारा मुनाफा 10,989 रुपए हो गया। चूँकि प्रारंभिक क्रेडिट 21,331 रुपए था, अतः हमने तय किया कि यदि ट्रेड लगभग 16,000–17,000 रुपए का मुनाफा दिखाता है तो इसे बंद कर देते हैं।

ऐसा नए साल के पहले कारोबारी दिन ही हो गया।

ट्रेड्स 3 जनवरी, 2022 को 16,046 रुपए के लाभ के साथ बंद हुए।

स्क्रिप	एक्शन	पुट स्ट्राइक	लॉट साइज	एंट्री प्राइस 24/12/21	क्रेडिट/ डेबिट	क्लोज प्राइस 03/01/22	लाभ/ हानि
HDFC BANK	बेचा	1,400	550	22.60	12,430	4.20	10,120
ICICI BANK	बेचा	700	1,375	10.90	14,987	2.60	11,413
SBIN	बेचा	440	1,500	9.20	13,800	3.40	9,700
BANKNIFTY	खरीदा	33,000	3×25	265.15	(19,866)	76.00	(14,186)
					21,331		16,046

रणनीति ने वैसा ही काम किया, जैसा उसे करना चाहिए था। स्टॉक्स की कीमतों और सूचकांक के अधिक बढ़ने तथा समय के समाप्त होने के कारण ऑप्शंस का प्रीमियम कम हो गया।

हम हमेशा अधिक मुनाफे के लिए खेलते हैं।

जनवरी 2022 सीरीज के लिए सेट-2 उसी दिन शुरू किया गया था।

स्क्रिप	एक्शन	पुट स्ट्राइक	लॉट साइज	एंट्री प्राइस 03/12/21	क्रेडिट/ डेबिट	क्लोज प्राइस 03/01/22	लाभ/ हानि
HDFC BANK	बेचा	1,480	550	16.70	9,185	15.00	935
ICICI BANK	बेचा	740	1,375	8.85	12,168	8.05	1,100
SBIN	बेचा	455	1,500	6.10	9,150	6.00	150
BANKNIFTY	खरीदा	34,500	3×25	214.00	(16,050)	190.00	(1,800)
					14,453		385

प्राप्त क्रेडिट राशि 14,453 रुपए थी।

हम एक बार फिर 'कुछ न करने' के लिए पूरी तरह तैयार थे।

नया साल बैंकिंग शेयरों के लिए अच्छा रहा। केवल 3 दिनों में बैंकनिफ्टी 35,481.70 से 37,695.90 पर पहुँच गया, जो 2,000 अंकों से अधिक की बढ़त दरशाता है।

यह एक अच्छा संकेत था और हमारी एम.टी.एम. पोजीशन भी 385 रुपए से सुधरकर 8,238 रुपए हो गई।

उसके बाद कुछ उतार-चढ़ाव आए और हमने 18 जनवरी, 2022 को 10,931 रुपए के लाभ के साथ ट्रेड्स बंद कर दिए।

चूँकि उस दौरान मेरा ब्लॉग बंद था, इसलिए दैनिक स्थिति उपलब्ध नहीं है।

जनवरी 2022 एक अच्छा प्रदर्शन करने वाली सीरीज साबित हुई, क्योंकि दोनों सेटों ने मुनाफा दिया।

सेट-1 मुनाफा—16,046 रुपए।

सेट-2 मुनाफा—10,931 रुपए।

जनवरी 2022 का कुल मुनाफा—26,977 रुपए।

वर्ष 2022 की एक अच्छी शुरुआत हुई। सबकुछ उम्मीदों से भरे नोट से शुरू हुआ था।

उस समय हमें उन भयावहताओं के बारे में पता नहीं था, जो इंतजार में थीं।

अगले कुछ महीनों ने हमें बुरी तरह नीचे ला दिया और रणनीति के प्रभावी होने को लेकर संदेह पैदा कर दिया।

यह कहना आसान है कि हमें लाभ व हानि दोनों को स्वीकार करना चाहिए। पर हानि को स्वीकार करना सदैव कठिन होता है और लगातार हानि को स्वीकार करना तो और भी अधिक कष्टदायक होता है। आलोचना और अच्छे अर्थ वाले सुझावों के साथ-साथ सार्वजनिक तौर पर घाटे को खुले तौर पर स्वीकार करना एक ऐसी कठिन परीक्षा है, जिससे कोई भी गुजरना नहीं चाहेगा।

अब हम उस दर्दनाक अवधि के विवरण को उजागर करने के लिए आगे बढ़ते हैं।

फरवरी 2022

जनवरी सीरीज के लिए ट्रेड्स 18 जनवरी को बंद कर दिए गए।

उस समय फरवरी सीरीज के लिए स्टॉक ऑप्शंस में पर्याप्त तरलता नहीं थी। फरवरी सीरीज के ट्रेड्स सेटअप के लिए 2-3 दिनों तक इंतजार करने का निर्णय लिया गया।

अंततः, सेटअप शुक्रवार, 21 जनवरी, 2022 को शुरू किया गया।

स्क्रिप	एक्शन	पुट स्ट्राइक	लॉट साइज	एंट्री प्राइस 21/01/22	क्रेडिट/ डेबिट	क्लोज प्राइस 21/01/22	लाभ/ हानि
HDFC BANK	बेचा	1,460	550	24.40	13,420	19.35	2,778
ICICI BANK	बेचा	780	1,375	18.40	25,300	18.45	(69)
KOTAK BANK	बेचा	1,800	400	37.60	15,040	32.15	2,190
BANKNIFTY	खरीदा	35,500	3×25	474.00	(35,550)	434.80	(2,940)
					18,210		1,949

प्रारंभिक क्रेडिट 18,210 रुपए प्राप्त हुआ।

इस बार पिछले महीने में एस.बी.आई.एन. के स्थान पर तीसरे स्टॉक के रूप में कोटक बैंक था।

21 जनवरी, 2022 को बैंकनिफ्टी 37,574.30 पर बंद हुआ।

अगले सप्ताह—

तारीख	बैंकनिफ्टी क्लोजिंग	पॉइंट्स लाभ/ हानि	% लाभ/ हानि	एम.टी.एम. लाभ/ हानि (रुपए)
24/01/22	36,947.55	(626.75)	(1.67)	(9,396)
25/01/22	37,706.75	759.20	2.05	(9,230)
26/01/22	अवकाश			
27/01/22	37,982.10	275.35	0.73	(16,838)
28/01/22	37,689.40	(292.70)	(0.77)	(22,476)

सप्ताह के चार दिनों के कारोबार में बैंकनिफ्टी थोड़ा ऊपर चला गया था। इस अवधि के दौरान हमारे शेयरों ने बहुत खराब प्रदर्शन किया।

जिस दिन सूचकांक में 759.20 अंकों की बढ़त हुई, तीनों सूचकांक की तुलना में पिछड़ रहे थे। छुट्टी के बाद जब बैंकनिफ्टी में 0.73% की बढ़त थी तो उनमें से सभी 3 घाटे में थे।

इन शेयरों के ऐसे खराब प्रदर्शन के परिणामस्वरूप हमारी एम.टी.एम. पोजीशन बहुत ही विनाशकारी स्तर (–) 22,476 रुपए तक पहुँच गई।

क्या अतीत में कई बार की तरह इस बार भी मुसीबत से मुक्ति मिलेगी?

अगले सप्ताह के अंत में ऐसा लगा, जैसे हम किसी बड़े नुकसान के चंगुल से बच गए हों।

तारीख	बैंकनिफ्टी क्लोजिंग	पॉइंट्स लाभ/ हानि	% लाभ/ हानि	एम.टी.एम. लाभ/ हानि (रुपए)
31/01/22	37,975.35	285.95	0.76	(16,158)
01/02/22	38,505.50	530.15	1.40	(1,104)
02/02/22	39,330.50	825.00	2.14	7,111
03/02/22	39,010.00	(320.50)	(0.81)	2,919
04/02/22	38,785.35	(220.65)	(0.57)	4,775

सप्ताह के दौरान बैंकनिफ्टी सौभाग्य से 1,000 अंक से थोड़ा अधिक ऊपर चला गया, जिससे सेटअप को (–) 22,476 रुपए से (+) 4,775 रुपए तक पहुँचने में मदद मिली।

सचमुच बहुत अच्छा सप्ताह रहा।

हम एक और सप्ताह के इंतजार के लिए तैयार थे। जब ट्रेड्स कुछ मुनाफा दिखा रहे हों तो इंतजार करना आसान है।

यह अगले सप्ताह था।

तारीख	बैंकनिफ्टी क्लोजिंग	पॉइंट्स लाभ/ हानि	% लाभ/ हानि	एम.टी.एम. लाभ/ हानि (रुपए)
07/02/22	37,995.45	(793.90)	(2.05)	(16,106)
08/02/22	38,028.45	33.00	0.09	(13,373)
09/02/22	38,610.25	581.80	1.53	(299)
10/02/22	39,010.95	400.70	1.04	6,381
11/02/22	38,517.25	(483.70)	(1.27)	(5,044)

इस सप्ताह ने बार-बार अपने रंग बदले—शुरुआत में यह काफी बुरा रहा, फिर लाभदायक हुआ और अंत में काफी बुरे तरीके से इसका समापन हुआ।

फिर भी, यह (–) 22,476 रुपए जितना बुरा नहीं था, जो दो सप्ताह पहले था।

हम एक और सप्ताह के इंतजार में थे।

यह सप्ताह कातिलाना था। हमारे ट्रेड्स किसी भी बचाव से परे जाकर बरबाद हो गए।

18 फरवरी को हमारी एम.टी.एम. पोजीशन घटकर दयनीय रूप में (–) 30,319 रुपए हो गई थी।

बैंकनिफ्टी गिरकर 37,599.15 पर आ गया था।

सप्ताह के दौरान गिरावट 1,000 अंकों से कम की थी; लेकिन ट्रेड्स पर इतना असर पड़ा कि सुधार संभव नहीं हो सका।

अब हम घाटे की बुकिंग के लिए मन बना चुके थे और कोई चमत्कार ही हमें बचा सकता था।

इस बार कोई जादू नहीं होना था, कोई भागने का रास्ता नहीं था और आखिरकार, हमने 22 फरवरी, 2022 को ट्रेड्स बंद कर दिए।

स्क्रिप	एक्शन	पुट स्ट्राइक	लॉट साइज	एंट्री प्राइस 21/01/22	क्रेडिट/ डेबिट	क्लोज प्राइस 22/02/22	लाभ/ हानि
HDFC BANK	बेचा	1,460	550	24.40	13,420	2.75	11,908
ICICI BANK	बेचा	780	1,375	18.40	25,300	51.30	(17,738)
KOTAK BANK	बेचा	1,800	400	37.60	15,040	5.95	12,600
BANKNIFTY	खरीदा	35,500	3×25	474.00	(35,550)	43.55	(32,284)
					18,210		(25,454)

इस सीरीज में (–) 25,454 रुपए का नुकसान दर्ज किया गया।

इस घाटे ने जनवरी 2022 सीरीज में हुआ मुनाफा लगभग समाप्त कर दिया।

वर्ष 2022 के पहले दो महीनों में हमारे पास दिखाने के लिए कुछ भी नहीं था।

रिकॉर्ड के लिए बैंकनिफ्टी 22 फरवरी को 37,371.65 पर बंद हुआ था।

मार्च 2022

मार्च 2022 सीरीज के लिए ट्रेड्स 24 फरवरी को शुरू किए गए थे।

यह कारोबार के लिए अच्छी शुरुआत नहीं थी, क्योंकि उस दिन यूक्रेन संकट के कारण बाजार क्रैश हो गया था।

बैंकनिफ्टी 2,163.95 (5.79%) अंक गिरकर 35,228.10 पर बंद हुआ था।

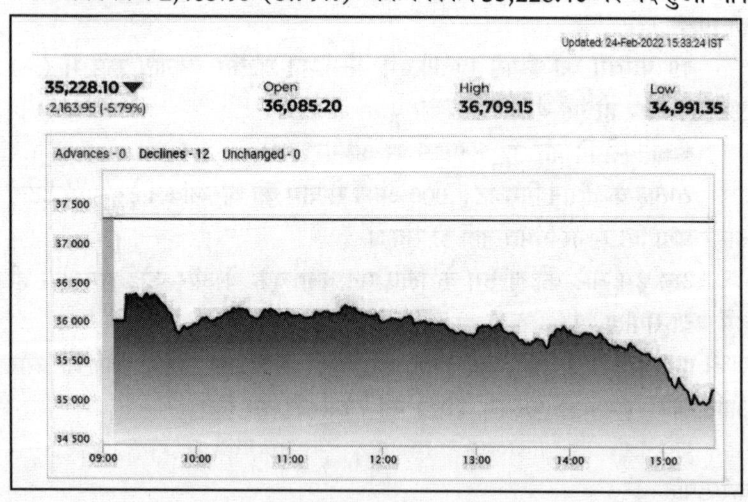

हमारा शुरुआती क्रेडिट 15,015 रुपए, बहुत आकर्षक नहीं था।

स्क्रिप	एक्शन	पुट स्ट्राइक	लॉट साइज	एंट्री प्राइस 24/02/22	क्रेडिट/डेबिट	क्लोज प्राइस 24/02/22	लाभ/हानि
HDFC BANK	बेचा	1,400	550	31.00	17,050	46.50	(8,525)
ICICI BANK	बेचा	700	1,375	21.80	29,975	25.85	(5,569)
KOTAK BANK	बेचा	1,800	400	60.60	24,240	82.55	(8,780)
BANKNIFTY	खरीदा	34,500	3×25	750.00	(56,250)	925.80	13,185
					15,015		(9,689)

आइए, ट्रेड्स पर एक नजर डालें—

एच.डी.एफ.सी. बैंक पुट 1,400 पर 17,050 रुपए का क्रेडिट आया।

बैंकनिफ्टी 34,500 पुट के 3 लॉट की कीमत हमें 56,250 रुपए है। एक लॉट की कीमत 18,750 रुपए है।

हमें 17,050 रुपए प्राप्त हुए और इस ट्रेड को 18,750 रुपए के साथ हेज किया गया।

यह कोई दिमाग लगाने वाली बात नहीं है। यह कैसे लाभदायक हो सकता है?

इससे लाभप्रदता अन्य 2 ट्रेड्स पर निर्भर हो जाती है।

रणनीति का एक पैर शुरू से ही काम नहीं कर रहा था।

निश्चित रूप से, घटना के बाद हम समझदार हो जाते हैं; लेकिन इसमें कोई नुकसान भी नहीं है। बाधाओं से सीखना हमें भविष्य में विपत्तियों से बचाता है।

खैर, सौदे हो गए और पहले दिन का प्रदर्शन खराब रहा।

24/02/22 को स्थिति—(–) 9,689 रुपए।

25/02/22 को स्थिति—(+) 2,766 रुपए।

28/02/22 को स्थिति—(+) 9,235 रुपए।

ट्रेड्स ने अच्छी तरह से करवट ले ली थी और इस स्तर पर हमें अपने निकास लक्ष्य तक पहुँचने के लिए 2,000–3,000 रुपए की और आवश्यकता थी।

शीघ्र ही अच्छे लाभ की पूरी संभावना दिख रही थी।

यदि ट्रेडर्स की आशाएँ और इच्छाएँ हर बार पूरी होतीं तो हम सभी ट्रेडिंग से करोड़पति होते!

1 मार्च को बाजार अवकाश था।

2 मार्च को बैंकनिफ्टी में (–) 2.3% की गिरावट देखी गई।

आई.सी.आई.सी.आई. बैंक और एच.डी.एफ.सी. बैंक क्रमश: 3.39% और 3.34% नीचे थे।

गिरते स्तर पर खराब प्रदर्शन ने ट्रेड्स को नुकसान पहुँचाया।

(–) 9,689 से (+) 9,235 तक पहुँचने में दो दिन लगे और हमें इससे खुशी हुई।

एक ही दिन में हम (–) 13,574 पर आ गए।

सीरीज के लिए स्पष्ट त्वरित लाभ अचानक गायब हो गया।

यह एक बार फिर धैर्यपूर्वक प्रतीक्षा करने का समय था।

अगले दो दिनों में बैंकनिफ्टी 3 एवं 4 मार्च को 428.50 और 536.50 अंकों की गिरावट के साथ नीचे चला गया।

हमारी एम.टी.एम. स्थिति अब घटकर (–) 24,830 रुपए हो गई है।

यह पहली बार नहीं था, जब हमने खुद को ऐसी स्थिति में पाया। अतीत में भी इसी तरह की चीजें हुई थीं और हमें भविष्य में भी इसकी उम्मीद थी।

हालाँकि, ऐसे समय से गुजरना, जब ट्रेड्स में पैसे का नुकसान हो रहा हो, आपके मानस पर भारी असर डालता है।

हम अपने आप से कहते रह सकते हैं कि घाटा खेल का हिस्सा है, लेकिन इससे नुकसान का दर्द दूर नहीं हो जाता।

हम कुछ न करने और बदले में कुछ न पाने की स्थिति से एक और सप्ताह गुजरे।

तारीख	बैंकनिफ्टी क्लोजिंग	पॉइंट्स लाभ/ हानि	% लाभ/ हानि	एम.टी.एम. लाभ/ हानि (रुपए)
07/03/22	32,781.25	(1,536.55)	(4.47)	(27,273)
08/03/22	33,158.10	286.85	0.87	(19,364)
09/03/22	33,815.45	657.35	1.98	(24,825)
10/03/22	34,475.60	660.15	1.95	(28,725)
11/03/22	34,546.25	70.65	0.20	(24,129)

सप्ताह के पहले दिन बैंकनिफ्टी में बड़ी गिरावट आई और फिर अगले चार सत्रों के दौरान वह उस स्थिति से उबर गया।

हमारे लिए नतीजा कुछ भी नहीं रहा।

एम.टी.एम. घाटा (–) 24,830 रुपए से बढ़कर (–) 24,129 रुपए हो गया।

सीरीज गड़बड़ा गई थी।

हम अभी फरवरी सीरीज के घाटे को भूले भी नहीं थे कि एक और बड़ा नुकसान सामने आ रहा था।

ट्रेड्स के साथ बने रहना बहुत कठिन था और बाहर निकलना भी बहुत मुश्किल था।

अगले सप्ताह कुछ राहत मिली, क्योंकि बाजार सकारात्मक हो गया और बैंकनिफ्टी ऊपर चला गया।

तारीख	बैंकनिफ्टी क्लोजिंग	पॉइंट्स लाभ/ हानि	% लाभ/ हानि	एम.टी.एम. लाभ/ हानि (रुपए)
14/03/22	35,312.55	765.90	2.22	(5,710)
15/03/22	35,022.65	(289.50)	0.82	(19,006)
16/03/22	35,748.25	725.60	2.07	(15,218)
17/03/22	36,428.55	680.30	1.90	(3,359)
18/03/22	अवकाश			

बैंकनिफ्टी 34,546.25 से बढ़कर 36,428.55 पर पहुँच गया था।

हमारी एम.टी.एम. पोजीशन भी सुधरकर (–) 3,359 रुपए हो गई।

हमें उम्मीद थी कि यह छोटा नुकसान अगले एक या दो दिनों में गायब हो जाएगा और हम थोड़े लाभ या हानि के साथ ट्रेड्स बंद कर सकते हैं।

अगले सप्ताह कहानी एक बार फिर दुःखद हो गई।

तारीख	बैंकनिफ्टी क्लोजिंग	पॉइंट्स लाभ/ हानि	% लाभ/ हानि	एम.टी.एम. लाभ/ हानि (रुपए)
21/03/22	36,018.50	(410.05)	(1.13)	(9,778)
22/03/22	36,348.55	330.05	0.92	(1,735)
23/03/22	36,147.35	(201.20)	(0.55)	(11,069)
24/03/22	35,527.20	(620.15)	(1.71)	(29,100)
25/03/22	35,410.10	(117.10)	(0.33)	(28,890)

20 मार्च को हम आराम से (–) 1,735 रुपए पर थे, लेकिन अगले 3 दिनों ने स्थिति खराब कर दी और अब हम गहरे संकट में थे।

ट्रेड्स से निकासी सोमवार, 28 मार्च, 2022 को की गई।

स्क्रिप	एक्शन	पुट स्ट्राइक	लॉट साइज	एंट्री प्राइस 24/02/22	क्रेडिट/ डेबिट	क्लोज प्राइस 28/03/22	लाभ/ हानि
HDFC BANK	बेचा	1,400	550	31.00	17,050	15.40	8,580
ICICI BANK	बेचा	700	1,375	21.80	29,975	10.20	15,263
KOTAK BANK	बेचा	1,800	400	60.60	24,240	101.00	(16,160)
BANKNIFTY	खरीदा	34,500	3×25	750.00	(56,250)	126.15	(46,789)
					15,015		(39,106)

39,106 रुपए का घाटा दर्ज किया गया।

अगर हमने दिन के अंत तक इंतजार किया होता तो नुकसान काफी कम हो गया होता, क्योंकि दिन के अंत तक स्टॉक की कीमतें ऊँची हो गईं।

स्क्रिप	एक्शन	पुट स्ट्राइक	लॉट साइज	एंट्री प्राइस 24/02/22	क्रेडिट/ डेबिट	क्लोज प्राइस 28/03/22	लाभ/ हानि
HDFC BANK	बेचा	1,400	550	31.00	17,050	5.30	14,135
ICICI BANK	बेचा	700	1,375	21.80	29,975	3.65	24,956
KOTAK BANK	बेचा	1,800	400	60.60	24,240	79.30	(5,080)
BANKNIFTY	खरीदा	34,500	3×25	750.00	(56,250)	38.30	(53,378)
					15,015		(19,366)

वैसे भी, हम अपने कार्यों के परिणामों के साथ जीते हैं।

मार्च 2022 की श्रृंखला हमारे लिए भयानक रूप से समाप्त हो गई थी।

वर्ष 2022 में हमने जनवरी में लाभ कमाया और फरवरी व मार्च में नुकसान सहा।

साल के पहले 3 महीने—

जनवरी 2022 : (+) 26,977 रुपए।

फरवरी 2022 : (–) 25,454 रुपए।

मार्च 2022 : (–) 39,106 रुपए।

जनवरी-फरवरी-मार्च 2022 के लिए कुल : (–) 37,583 रुपए।

वर्ष के तीन महीने बीत जाने के बाद रणनीति में पैसे का नुकसान हुआ।

यह हमारे मनोबल के लिए अच्छा नहीं था।

एक बार फिर रणनीति में कुछ बदलाव का विचार मन में आया।

उन विचारों पर कुछ विचार करने के बाद यह निर्णय लिया गया कि अब तक जो किया है, वही करते रहेंगे।

आइए, अगले अध्याय में देखें कि अगले कुछ महीने कैसे बीते।

□

21

मिले-जुले नतीजे–
अप्रैल 2022 से अक्तूबर 2022

वर्ष 2022 की जनवरी सीरीज में अच्छी शुरुआत हुई थी, लेकिन अगले दो महीनों में रणनीति बुरी तरह विफल रही।

मार्च सीरीज के अंत में हम तीन महीने की अवधि के लिए 37,583 रुपए का घाटा देख रहे थे।

अप्रैल 2022

यह अप्रैल सीरीज के ट्रेड्स का समय था, जिसके लिए ट्रेड्स 1 अप्रैल, 2022 को 19,007 रुपए के छोटे प्रारंभिक क्रेडिट के साथ सेट किए गए थे।

इस महीने हमें एक और चौंकाने वाले नतीजे का सामना करना पड़ा।

दिन–प्रतिदिन की स्थितियों का लेखा–जोखा देने का कोई अर्थ नहीं है, क्योंकि ट्रेड्स अच्छी तरह से मुनाफे में चले गए और फिर सभी लाभ वापस मिल गए। यह यहीं नहीं रुका, लाभ हानि में भी बदल गया और जब तक हमने ट्रेड्स बंद किया, हमारा घाटा प्राप्त क्रेडिट राशि के लगभग बराबर था।

अप्रैल 2022 सीरीज की दु:खद कहानी को नीचे दी गई तालिका में संक्षेपित किया गया है—

स्क्रिप	एक्शन	पुट स्ट्राइक	लॉट साइज	एंट्री प्राइस 01/04/22	क्रेडिट/ डेबिट	क्लोज प्राइस 25/04/22	लाभ/ हानि
HDFC BANK	बेचा	1,440	550	22.15	12,182	74.65	(28,875)
ICICI BANK	बेचा	700	1,375	12.00	16,500	1.00	15,125
AXISK BANK	बेचा	740	1,200	18.00	21,600	2.20	18,960
BANKNIFTY	खरीदा	35,000	3×25	417.00	(31,275)	92.15	(24,364)
					19,007		(19,154)

हम एक और नुकसान बुक करने के लिए यह सब करते बैठे रहे।

यह लगातार घाटे का तीसरा महीना था।

आँकड़ों से पता चलता है कि एच.डी.एफ.सी. बैंक में बड़ी गिरावट के कारण यह नुकसान हुआ है।

अन्य दो शेयरों ने अच्छा प्रदर्शन किया, लेकिन वे उतना ही लाभ दे सके, जो ऑप्शन प्राइस तक सीमित था।

बैंकनिफ्टी पुट 35,000 का मूल्य भी घट गया, जिससे हमारे मकसद को सफलता नहीं मिली।

इस अवधि में बैंकनिफ्टी 37,148.50 से बढ़कर 36,082.50 पर पहुँच गया था।

हम यह नहीं कह सकते कि सूचकांक नीचे जाने से रणनीति घाटे में चली गई। जाहिर है कि किसी एक शेयर में बड़ी गिरावट कारोबार को बुरी तरह प्रभावित कर सकती है।

नुकसान उठाना कठिन है, लेकिन और कुछ नहीं किया जा सकता।

मई-जून-जुलाई 2022

मुझे सच्चाई से तथ्य साझा करने दीजिए।

मेरा ब्लॉग 19 अप्रैल, 2022 से 19 जुलाई, 2022 तक तीन महीने की अवधि के लिए कुछ तकनीकी गड़बड़ियों के कारण बंद हो गया था।

उस अवधि में मैंने Quora पर कुछ ट्रेड्स पोस्ट किए थे; लेकिन 'मनी इन द बैंक' सीरीज में ट्रेड्स नहीं लिये गए थे।

इन परिणामों को 'बैक-टेस्टेड परिणाम' कहा जा सकता है।

मैंने विशिष्ट दिनों में सभी विकल्पों के लिए अंतिम कारोबार की कीमतों पर विचार किया है।

इन महीनों का परिणाम यह होगा—

अप्रैल 2022

स्क्रिप	एक्शन	पुट स्ट्राइक	लॉट साइज	एंट्री प्राइस 25/04/22	क्रेडिट/डेबिट	क्लोज प्राइस 20/05/22	लाभ/हानि
HDFC BANK	बेचा	1,320	550	33.00	18,150	13.00	11,000
ICICI BANK	बेचा	730	1,375	16.00	22,825	20.80	(5,775)
KOTAK BANK	बेचा	1,600	400	35.00	14,000	0.90	13,640
BANKNIFTY	खरीदा	34,500	3×25	408.00	(30,600)	545.00	10,275
					24,375		29,140

मई 2022

स्क्रिप	एक्शन	पुट स्ट्राइक	लॉट साइज	एंट्री प्राइस 20/05/22	क्रेडिट/डेबिट	क्लोज प्राइस 24/06/22	लाभ/हानि
HDFC BANK	बेचा	1,280	550	25.00	13,750	1.50	12,925
ICICI BANK	बेचा	690	1,375	14.50	19,937	2.20	16,913
AXIS BANK	बेचा	1,780	400	40.40	16,160	86.00	(18,240)
BANKNIFTY	खरीदा	32,500	3×25	470.00	(35,250)	73.00	(29,725)
					14,597		(18,178)

जून 2022

स्क्रिप	एक्शन	पुट स्ट्राइक	लॉट साइज	एंट्री प्राइस 24/06/22	क्रेडिट/ डेबिट	क्लोज प्राइस 22/07/22	लाभ/ हानि
HDFC BANK	बेचा	1,320	550	23.50	12,925	1.50	12,100
ICICI BANK	बेचा	690	1,375	14.30	19,662	0.15	19,456
AXIS BANK	बेचा	1,640	400	34.00	13,600	1.10	13,160
BANKNIFTY	खरीदा	32,000	3×25	385.00	(28,875)	3.60	(28,605)
					17,312		16,111

मई का महीना फायदे वाला था, जबकि जून घाटे वाला महीना साबित हुआ था और जुलाई ने मामूली लाभ दिया।

जून सीरीज में नुकसान कोटक बैंक में बड़ी गिरावट के कारण हुआ।

मई और जुलाई सीरीज में 3 शेयरों का सामान्य प्रदर्शन था।

अप्रैल 2022—(-) 19,154 रुपए।

मई 2022—29,140 रुपए।

जून 2022—(-) 18,178 रुपए।

जुलाई 2022—16,111 रुपए।

शुद्ध लाभ—मई से जुलाई 2022—7,919 रुपए।

जनवरी 2022 से जुलाई 2022 तक कुल लाभ—(-) 29,664 रुपए।

वर्ष के 7 महीने बीत गए। हमारे पास 4 महीनों में नुकसान था और 3 महीनों में कुछ लाभ हुआ। शुद्ध परिणाम अभी भी नकारात्मक था।

तार्किक रूप से हमारे ट्रेड्स 75% अवसरों पर सफल होने चाहिए।

वर्ष 2022 में 7 में से 3 पर सफलता दर काफी निराशाजनक थी।

आशा है, रणनीति फिर से लाभदायक हो जाएगी और औसत सफलता दर हासिल कर लेगी।

अगस्त 2022

अगस्त 2022 सीरीज के लिए ट्रेड्स 22 जुलाई, 2022 को कुछ उलझनों के साथ लिये गए।

स्क्रिप	एक्शन	पुट स्ट्राइक	लॉट साइज	एंट्री प्राइस 22/07/22	क्रेडिट/डेबिट	क्लोज प्राइस 22/07/22	लाभ/हानि
HDFC BANK	बेचा	1,340	550	20.00	11,000	14.15	3,218
ICICI BANK	बेचा	770	1,375	14.80	20,350	12.05	3,781
SBIN	बेचा	500	1,500	10.95	16,425	11.10	(225)
BANKNIFTY	खरीदा	35,000	3×25	349.00	(26,175)	288.60	(4,530)
					21,600		2,244

इस बार, एस.बी.आई.एन. को शामिल किया गया, क्योंकि यह एक बार फिर सूचकांक में वजन के अनुसार बैंकनिफ्टी शेयरों में तीसरे स्थान पर आ गया था।

यह महीना बहुत अधिक सस्पेंस से रहित था और अगर कोई था भी तो अब कोई फर्क नहीं पड़ता, क्योंकि सौदे लाभ के साथ बंद हुए थे।

पहला सेट 17,923 रुपए के मुनाफे के साथ बंद हुआ।

स्क्रिप	एक्शन	पुट स्ट्राइक	लॉट साइज	एंट्री प्राइस 22/07/22	क्रेडिट/डेबिट	क्लोज प्राइस 12/08/22	लाभ/हानि
HDFC BANK	बेचा	1,340	550	20.00	1,000	1.10	10,395
ICICI BANK	बेचा	770	1,375	14.80	20,350	1.10	18,838
SBIN	बेचा	500	1,500	10.95	16,425	1.80	13,725
BANKNIFTY	खरीदा	35,000	3×25	349.00	(26,175)	15.20	(25,035)
					21,600		17,923

स्क्रिप	एक्शन	पुट स्ट्राइक	लॉट साइज	एंट्री प्राइस 12/08/22	क्रेडिट/डेबिट	क्लोज प्राइस 23/08/22	लाभ/हानि
HDFC BANK	बेचा	1,460	550	9.25	5,087	6.35	1,595
ICICI BANK	बेचा	840	1,375	5.75	7,906	2.10	5,019
SBIN	बेचा	1,500	1,500	3.90	5,850	4.35	(675)
BANKNIFTY	खरीदा	37,500	3×25	97.00	(7,275)	40.00	(4,225)
					11,568		1,664

अगस्त 2022 सीरीज का दूसरा सेट 12 अगस्त को लिया गया था और बहुत कम लाभ के साथ 23 अगस्त को बंद कर दिया गया।

अगस्त 2022 सीरीज के लिए लाभ 19,587 रुपए था।

अब, वर्ष का स्कोर 4 लाभ और 4 हानि था, लेकिन हम वर्ष 2022 में अभी भी पैसे गँवा रहे थे।

अब हम सितंबर 2022 सीरीज की ओर बढ़ते हैं।

सितंबर 2022

सितंबर सीरीज में मेरे एक सहयोगी द्वारा इस रणनीति में कुछ संशोधन के साथ ट्रेड्स किए गए थे।

हम उस संशोधन पर अगले अध्याय में चर्चा करेंगे। उन्होंने ये ट्रेड्स 22 अगस्त, 2022 को लिये थे; जबकि मैंने अपनी अगस्त सीरीज के ट्रेड्स 23 अगस्त, 2022 को बंद कर दिए थे।

सितंबर सीरीज में ट्रेड्स ने शानदार प्रदर्शन किया, जैसा कि नीचे दी गई तालिका से देखा जा सकता है—

स्क्रिप	एक्शन	पुट स्ट्राइक	लॉट साइज	एंट्री प्राइस 22/08/22	क्रेडिट/ डेबिट	क्लोज प्राइस 14/09/22	लाभ/ हानि
HDFC BANK	बेचा	1,440	550	20.00	11,000	3.25	9,213
ICICI BANK	बेचा	830	1,375	13.20	18,150	1.20	16,500
SBIN	बेचा	500	1,500	12.00	18,000	1.05	16,425
BANKNIFTY	खरीदा	36,500	3×25	276.00	(20,745)	33.70	(18,218)
					26,405		23,920

रणनीति काम कर गई, बिल्कुल वैसे ही, जैसे इसे ज्यादातर मौकों पर काम करना चाहिए।

एक और लाभदायक महीना देखकर राहत मिली।

जनवरी के अंत में हम लाभ में थे और वर्ष 2022 के 9 महीने बीत जाने पर एक बार फिर हम बहुत कम मुनाफे की ओर देख रहे थे।

हमने इस रणनीति के साथ 35 महीने पूरे कर लिये थे और अक्तूबर 2022 सीरीज के साथ 3 साल पूरे हो जाएँगे।

अक्तूबर 2022

अक्तूबर 2022 सीरीज के लिए ट्रेड्स 27 सितंबर, 2022 को लिये गए थे।

शुरुआती क्रेडिट 37,907 रुपए पर बहुत अच्छा था।

यह सीरीज भी बहुत अच्छी रही और 19 अक्तूबर को 33,930 रुपए के अच्छे लाभ के साथ ट्रेड बंद हुआ।

बहुत लंबे समय के बाद हमें अच्छा मुनाफा देखने को मिला।

स्क्रिप	एक्शन	पुट स्ट्राइक	लॉट साइज	एंट्री प्राइस 27/09/22	क्रेडिट/ डेबिट	क्लोज प्राइस 19/10/22	लाभ/ हानि
HDFC BANK	बेचा	1,380	550	26.80	14,740	1.60	13,860
ICICI BANK	बेचा	840	1,375	22.50	30,937	1.35	29,081
SBIN	बेचा	530	1,500	15.80	23,700	1.45	21,525
BANKNIFTY	खरीदा	36,500	3×25	419.60	(31,470)	12.45	(30,536)
					37,097		33,930

इस बार यह रणनीति जादू की तरह काम कर गई।

अक्तूबर 2022 सीरीज के अंत में हमने 2022 में 10 महीने पूरे कर लिये थे और इस रणनीति के साथ ट्रेड्स शुरू किए हुए 36 महीने हो गए थे।

हम अगले अध्याय में 3 वर्षों की पूरी समीक्षा करेंगे, लेकिन उससे पहले हमें वर्तमान वर्ष और पिछले 12 महीनों पर नजर डालने की जरूरत है, जो निश्चित रूप से अच्छे नहीं रहे।

अगस्त 2022—19,587 रुपए।

सितंबर 2022—23,920 रुपए।

अक्तूबर 2022—33,930 रुपए।

अगस्त से अक्तूबर 2022 तक शुद्ध लाभ—77,437 रुपए।

वर्ष 2022

जनवरी से जुलाई—(–) 29,664 रुपए।

अगस्त से अक्तूबर—77,437 रुपए।

वर्ष 2022 में कुल मुनाफा—47,773 रुपए।

कुछ शुरुआती बड़ी हानियों के बाद कैलेंडर वर्ष को लाभदायक होते देखना एक राहत की बात थी।

नवंबर 2021 से अक्तूबर 2022 तक 12 महीने की अवधि

वर्ष 2022 के 10 महीनों ने 47,773 रुपए का मुनाफा दिया था।

इससे पहले हमें नवंबर 2021 में लाभ हुआ था और दिसंबर 2021 में थोड़ा नुकसान हुआ था।

आइए, एक नजर डालते हैं उन नंबरों पर—

नवंबर 2021—14,190 रुपए।

दिसंबर 2021—(-) 674 रुपए।

कुल लाभ नवंबर-दिसंबर 2021—13,516 रुपए।

नवंबर 2021—अक्तूबर 2022 तक 12 महीने की अवधि के लिए लाभ—(13,516 + 47,773) = 61,289 रुपए।

पिछले दो वर्षों में प्राप्त परिणामों से इसकी तुलना बहुत अच्छी नहीं है; लेकिन फिर भी, यह लाभ है।

हम आँकड़ों पर गौर करेंगे और देखेंगे कि यह प्रदर्शन अच्छा है या बुरा—

स्क्रिप	22/10/21 को कीमत	19/10/22 को कीमत	लाभ/ हानि	%लाभ/ हानि
NIFTY	18,114.90	17,512.25	(602.65)	(03.32)
BANKNIFTY	40,323.65	40,373.20	49.55	00.12
HDFC BANK	1,680.75	1,458.65	(222.10)	(13.21)
ICICI BANK	759.30	892.10	132.80	17.48
KOTAK BANK	2,171.40	1,869.35	(302.05)	(13.91)
AXIS BANK	816.70	829.85	13.15	1.61
SBIN	502.95	553.40	50.45	10.03
MIB Strategy			61,289	

इस एक साल की अवधि में एच.डी.एफ.सी. बैंक 13.21% नीचे चला गया। एक अन्य दिग्गज कंपनी कोटक बैंक भी 13.91% नीचे था। आई.सी.आई.सी.आई.

बैंक और एस.बी.आई.एन. ने अच्छा प्रदर्शन किया, जिससे बैंकनिफ्टी को इन 12 महीनों में स्थिर रहने में मदद मिली।

इन परिस्थितियों में 12 महीनों में हमारा 61,289 रुपए का लाभ काफी उचित माना जा सकता है; हालाँकि, हम इससे खुश नहीं हो सकते हैं।

आइए, यह स्वीकार करें कि इस दौरान बैंकनिफ्टी सपाट था और निफ्टी इस समय-सीमा में गँवा चुका था।

रणनीति अभी भी लाभ पहुँचाने में कामयाब रही।

अगले अध्याय में बड़े नुकसान से बचने के लिए 3 साल के प्रदर्शन की समीक्षा और कुछ संशोधन।

□

22

रणनीति, जो काम करे—इसे सरल रखें

3 साल की अवधि के दौरान के नतीजों को देखें तो पूरी कहानी सामने आ जाती है—

महीना	लाभ/ हानि (रु.)	महीना	लाभ/ हानि (रु.)	महीना	लाभ/ हानि (रु.)
नवंबर 2019	8,382	नवंबर 2020	44,644	नवंबर 2021	14,190
दिसंबर 2019	43,337	दिसंबर 2020	21,376	दिसंबर 2021	(674)
जनवरी 2020	28,477	जनवरी 2021	(1,209)	जनवरी 2022	26,977
फरवरी 2020	28,133	फरवरी 2021	55,411	फरवरी 2022	(25,454)
मार्च 2020	(11,177)	मार्च 2021	16,360	मार्च 2022	(39,106)
अप्रैल 2020	70,192	अप्रैल 2021	15,265	अप्रैल 2022	(19,154)
मई 2020	(7,667)	मई 2021	23,933	मई 2022	29,140
जून 2020	34,777	जून 2021	16,330	जून 2022	(18,178)
जुलाई 2020	16,246	जुलाई 2021	(9,556)	जुलाई 2022	16,111
अगस्त 2020	7,453	अगस्त 2021	(51,785)	अगस्त 2022	19,587
सितंबर 2020	13,462	सितंबर 2021	31,573	सितंबर 2022	23,920
अक्तूबर 2020	31,231	अक्तूबर 2021	29,545	अक्तूबर 2022	33,930
कुल 12 महीने	रु. 2,62,846	कुल 12 महीने	रु. 1,91,885	कुल 12 महीने	रु. 61,289

पहले साल का मुनाफा—2,62,846 रुपए।

दूसरे साल का मुनाफा—1,91,885 रुपए।

तीसरे साल का मुनाफा—61,289 रुपए।

तीन साल का कुल मुनाफा—5,16,020 रुपए।

इस रणनीति ने 5,00,000 रुपए की ट्रेडिंग पूँजी पर 5,16,020 रुपए का लाभ कमाया।

यह 3 वर्षों में 103.20% के साधारण रिटर्न के रूप में काम करता है।

इस अवधि में पैसा लगभग दोगुना हो गया।

इन रिटर्न्स की तुलना इस बात से की जानी चाहिए कि सूचकांक ने कैसा प्रदर्शन किया और प्रमुख बैंकिंग स्टॉक्स कैसे आगे बढ़ते गए, ताकि हमें रणनीति की प्रभावोत्पादकता के बारे में उचित जानकारी मिल सके।

यहाँ संख्याएँ हैं—

स्क्रिप	01/11/19 को कीमत	19/10/22 को कीमत	% लाभ/ हानि
NIFTY	11,890.60	17,512.25	47.27
BANKNIFTY	30,330.55	40,373.20	33.11
HDFC BANK	1,240.05	1,458.65	17.62
ICICI BANK	462.25	892.10	92.99
KOTAK BANK	1,579.90	1,869.35	18.32
AXIS BANK	748.30	829.85	10.89
SBIN	313.55	553.40	76.49
MIB Strategy	5,00,000	10,16,020	103.20

इस अवधि में सबसे अच्छा प्रदर्शन करने वाला बैंकिंग स्टॉक 92.99% की बढ़त के साथ आई.सी.आई.सी.आई. बैंक रहा है।

इस रणनीति ने 103.20% पर बेहतर प्रदर्शन किया है।

निफ्टी और बैंकनिफ्टी के क्रमश: 47.27% और 33.11% के रिटर्न का इस रणनीति से हासिल रिटर्न का कोई मुकाबला नहीं है।

हमने बार-बार देखा है कि रणनीति ज्यादातर समय बेंचमार्क इंडेक्स से बेहतर प्रदर्शन करती है और पिछले 12 महीनों में खराब प्रदर्शन के बावजूद परिणाम सुसंगत रहे हैं।

36 माह में 10 माह घाटे वाले रहे।

इससे हमें 72.22% की सफलता दर मिलती है, जो हमारी अपेक्षित सफलता दर 75% के करीब है।

खैर, हमें लाभ की मात्रा से बहुत खुश नहीं होना चाहिए। ट्रेडिंग में खर्चे शामिल हैं, लेकिन मौजूदा कम ब्रोकरेज शुल्क के साथ मुनाफे के स्कोर में कोई बड़ा नुकसान नहीं होगा।

शेयरों के साथ तुलना करते समय हमें निवेशित रहकर प्राप्त होने वाले लाभांश को भी ध्यान में रखना होगा। स्टॉक निवेश से रिटर्न थोड़ा बेहतर हो जाएगा, लेकिन फिर भी रणनीति से रिटर्न कम रहेगा।

3 वर्षों में रणनीति पर काम देखने के बाद हमने कुछ निष्कर्ष निकाले हैं—

निष्कर्ष

यह रणनीति इस सरल आधार पर आधारित है कि शेयरों का एक अच्छा पोर्टफोलियो ज्यादातर समय सूचकांक से बेहतर प्रदर्शन करता है।

इसे अमल में लाना सरल है और इसमें बहुत अधिक ट्रेड या एडजस्टमेंट शामिल नहीं हैं। अधिकांश समय हम ट्रेड्स लेने के बाद कुछ नहीं करते हैं।

नतीजे साबित करते हैं कि हमें लगभग 70-75% ट्रेड्स में लाभ मिल सकता है, जो एक अच्छी सफलता दर है।

यह हमें लगातार स्क्रीन देखने तक सीमित नहीं रखता। दिन में एक या दो बार स्क्रीन देखना पर्याप्त है।

प्राप्त रिटर्न इंडेक्स फंड या यहाँ तक कि प्रमुख शेयरों से प्राप्त रिटर्न से भी कहीं बेहतर है।

हमें ट्रेड्स में प्रवेश करने और बाहर निकलने के लिए किसी चार्ट या संकेतक को देखने की जरूरत नहीं है। यह इसे बिल्कुल सरल बनाता है।

यह पहले भी काम करता रहा है और यह भविष्य में भी काम करता रहेगा।

कुछ संशोधन

मैं समझता हूँ कि कई ट्रेडर्स घाटा बढ़ने पर 'कुछ न करने' को लेकर सहज नहीं हैं। जब मुनाफा बढ़ रहा हो तो वही ट्रेडर्स 'कुछ न करने' में सहज नहीं होते हैं।

लेकिन तब कई ट्रेडर्स अपने ट्रेड से कोई मुनाफा कमाने में असफल हो जाते हैं, क्योंकि वे बेकार नहीं बैठ सकते।

इस यात्रा में एकमात्र असुविधाजनक हिस्सा वह नुकसान था, जो 3 में से 1 स्टॉक में तेज गिरावट के कारण हुआ था। यह कभी भी हो सकता है और हमें इसे चुपचाप सहना होगा, जो कि एक आसान काम है।

हम स्टॉक पुट ऑप्शन बेचकर और बेचे गए स्ट्राइक से लगभग 5% कम स्ट्राइक मूल्य के साथ 'हेज ट्रेड' लेकर घाटे से होने वाली पीड़ा को कम करने का प्रयास करते हैं।

उदाहरण

यदि हम एच.डी.एफ.सी. बैंक को 1,600 पर बेचते हैं तो हम इस ट्रेड में असीमित नुकसान को रोकने के लिए एच.डी.एफ.सी. बैंक को 1,520 पर खरीदते हैं।

हम अन्य दो शेयरों के साथ भी इसी तरह की कवायद करते हैं।

हम बैंकनिफ्टी को मौजूदा स्तर से लगभग 4-5% दूर खरीदते हैं, जैसा कि हम करते आ रहे हैं।

लोअर स्ट्राइक वाले पुट ऑप्शंस खरीदने से क्रेडिट राशि काफी कम हो जाएगी।

हालाँकि, मार्जिन राशि भी कम हो जाएगी, क्योंकि ट्रेड अब क्रेडिट स्प्रेड बन जाएगा, जिसे बहुत कम मार्जिन के साथ सेटअप किया जा सकता है।

वास्तव में, मार्जिन इस हद तक कम हो जाता है कि 1 लॉट की जगह हम समान पूँजी आवश्यकताओं के साथ 2 लॉट के लिए जा सकते हैं।

लाभप्रदता पर ज्यादा असर नहीं पड़ा है।

मैं एक सज्जन को जानता हूँ, जो 2 साल से अधिक समय से इसे नियमित रूप से और लाभप्रद रूप से कर रहे हैं।

मेरा मानना है कि वास्तविक बड़ी गिरावट की स्थिति में, जैसा कि मार्च 2020 में हुआ था, अप्रत्याशित लाभ होगा। खरीदे गए हेज पुट ऑप्शंस के कारण बेचे गए

पुट ऑप्शंस से होने वाला नुकसान सीमित रहेगा, जबकि बैंकनिफ्टी पुट का मूल्य बढ़ता रहेगा।

और, यदि कीमतें बढ़ती रहती हैं तो कोई चिंता की बात नहीं है। हम पूरे महीने आराम से बैठे रहते हैं और अंततः मुनाफा बुक कर लेते हैं, क्योंकि सभी ऑप्शंस लगभग बेकार हो जाते हैं।

इस संशोधन के साथ, रणनीति कम सिरदर्द के साथ, लेकिन अधिक संख्या में ट्रेड्स के साथ लगभग समान रिटर्न देगी। अधिकांश ट्रेडर्स के लिए ट्रेड्स की संख्या कोई बड़ा कारक नहीं है।

'हेज ट्रेड' बहुत कम लागत पर मन की शांति प्रदान करते हैं और कोई भी इस पद्धति को आजमा सकता है।

'मनी इन द बैंक'

इस रणनीति के साथ ट्रेड्स के इन 36 महीनों को जीना एक अनुभव था।

इन 36 महीनों के उतार-चढ़ाव, खुशियाँ और दुःख, उत्साह एवं पीड़ा को अपने ब्लॉग पर साझा करना एक अनुभव था।

इस पुस्तक के लिए अपने अनुभव साझा करते हुए उन्हीं भावनाओं को फिर से जीना एक अलग अनुभूति थी।

यह पुस्तक कोई सैद्धांतिक या गणितीय अभ्यास नहीं है। यह ऑप्शंस ट्रेडिंग पर कोई ग्रंथ भी नहीं है।

यह पुस्तक एक स्पष्ट व सरल रणनीति का वर्णन करती है, जो बहुत अधिक प्रयास के बिना पैसे कमाकर दिखाती है।

यह एक ऐसी रणनीति को उजागर करती है, जो ट्रेडर्स को स्क्रीन पर देखते रहने या चार्ट का अध्ययन करने के लिए मजबूर नहीं करती है।

इसके अलावा, यदि कोई रणनीति रोमांचक नहीं होती है तो वह बहुत नीरस और उबाऊ हो जाती है।

हालाँकि, हम उत्साह या रोमांच के लिए ट्रेडिंग नहीं करते हैं।

यदि लाभ नीरस व उबाऊ होने से आता है तो हमें कोई शिकायत नहीं है।

रणनीति का पालन करें, ट्रेड्स सेट करें, उसके बाद कुछ न करें और पुरस्कार प्राप्त करें।

ट्रेडिंग में जीवन को सरल रखें।

सरलता काम करती है और लाभदायक काम करती है।

वॉरेन बफे ने धैर्य के बारे में यही कहा है—

"वॉल स्ट्रीट गतिविधियों के जरिए अपना पैसा कमाता है। आप निष्क्रिय रहकर अपना पैसा बनाते हैं।"

यह रणनीति कम गतिविधि से अच्छा पैसा बनाने का एक ज्वलंत उदाहरण है।

प्रिय पाठको, पुस्तक आपके हाथ में है। मुझे आशा है कि यह एक नीरस व उबाऊ पद्धति का दिलचस्प पाठ रहा होगा। मैं यह भी आशा और कामना करता हूँ कि आप अपने ट्रेड्स के माध्यम से समान या बेहतर सफलता प्राप्त करें।

अब, मानक अस्वीकरण का समय आ गया है—

अस्वीकरण

वास्तविक और निहित जोखिमों की जानकारी के बिना डेरिवेटिव्स ट्रेडिंग नहीं की जानी चाहिए। ट्रेडिंग सीमा के अंदर ही करना चाहिए, क्योंकि नुकसान बड़ा हो सकता है। ट्रेड्स में प्रवेश करने से पहले किसी प्रमाणित वित्तीय विशेषज्ञ से सलाह लें। यहाँ दिखाए गए उदाहरण पिछले वर्षों के आँकड़ों से हैं और भविष्य में इसी तरह के प्रदर्शन का आश्वासन नहीं दिया गया है।

लेखक ने डेटा को यथासंभव सटीक रखने का प्रयास किया है। अनजाने में डेटा में किसी भी त्रुटि के लिए कोई जिम्मेदारी नहीं ली जाएगी।

□□□

अनुवादक

राहुल त्रिपाठी पेशे से पत्रकार; बीस वर्षों में अमर उजाला, दैनिक जागरण, हिंदुस्तान, राष्ट्रीय सहारा और नवभारत टाइम्स जैसे प्रतिष्ठित राष्ट्रीय समाचार-पत्रों में कार्य करने का अनुभव। विभिन्न विधाओं की लगभग पैंतीस पुस्तकों का अंग्रेजी से हिंदी में अनुवाद किया है।